T0024453

THE EVERYTHING® LARGE-PRINT WORD SEARCH BOOK VOLUME 4

Dear Reader,

"Ready or not, here I come!" You don't have to yell this phrase every time you begin one of these word search puzzles. And counting to twenty with your eyes closed is not required. The words in this book are ready and waiting to play hide-and-seek with you. Children instinctively know that playing helps their brains grow. For adults, studies suggest that playing with puzzles can give our brains a boost. Think of this book as a playground for your mind.

I created these puzzles with large letters for a reason: bigger is better. This format makes it a breeze to scan the grids looking for hidden words. Your word-finding abilities will still be tested, not your vision. Each puzzle has a theme, and I had fun coming up with a variety of topics.

Now, let's play. You're it! With enough dedication, you can round up every word. Happy searching!

Charles Timmerman

Welcome to the EVERYTHING® Series!

These handy, accessible books give you all you need to tackle a difficult project, gain a new hobby, comprehend a fascinating topic, prepare for an exam, or even brush up on something you learned back in school but have since forgotten.

You can choose to read an Everything® book from cover to cover or just pick out the information you want from our four useful boxes: e-questions, e-facts, e-alerts, and e-ssentials. We give you everything you need to know on the subject, but throw in a lot of fun stuff along the way, too.

We now have more than 400 Everything® books in print, spanning such wide-ranging categories as weddings, pregnancy, cooking, music instruction, foreign language, crafts, pets, New Age, and so much more. When you're done reading them all, you can finally say you know Everything®!

PUBLISHER Karen Cooper
MANAGING EDITOR, EVERYTHING® SERIES Lisa Laing
COPY CHIEF Casey Ebert
ACQUISITIONS EDITOR Lisa Laing
EDITORIAL ASSISTANT Matthew Kane
EVERYTHING® SERIES COVER DESIGNER Erin Alexander
LAYOUT DESIGNERS Erin Dawson, Elisabeth Lariviere, Michelle Roy Kelly

Visit the entire Everything® series at *www.everything.com*

THE EVERYTHING® LARGE-PRINT WORD SEARCH BOOK

VOLUME 4

150 all-new word search puzzles—in large print!

Charles Timmerman
Founder of Funster.com

Adams Media
New York London Toronto Sydney New Delhi

Adams Media
An Imprint of Simon & Schuster, Inc.
100 Technology Center Drive
Stoughton, MA 02072

Copyright © 2012 by Simon & Schuster, Inc.

All rights reserved, including the right to reproduce this book or portions thereof in any form whatsoever. For information address Adams Media Subsidiary Rights Department, 1230 Avenue of the Americas, New York, NY 10020.

An Everything® Series Book.
Everything® and everything.com® are registered trademarks of Simon & Schuster, Inc.

ADAMS MEDIA and colophon are trademarks of Simon and Schuster.

For information about special discounts for bulk purchases, please contact Simon & Schuster Special Sales at 1-866-506-1949 or business@simonandschuster.com.

The Simon & Schuster Speakers Bureau can bring authors to your live event. For more information or to book an event contact the Simon & Schuster Speakers Bureau at 1-866-248-3049 or visit our website at www.simonspeakers.com.

Manufactured in the United States of America

16 2024

Library of Congress Cataloging-in-Publication Data has been applied for.

ISBN 978-1-4405-3885-8

Many of the designations used by manufacturers and sellers to distinguish their products are claimed as trademarks. Where those designations appear in this book and Simon & Schuster, Inc., was aware of a trademark claim, the designations have been printed with initial capital letters.

Dedicated to

Suzanne, Calla, & Meryl

Acknowledgments

I would like to thank each and every one of the more than half a million people who have visited my website, *www.funster.com*, to play word games and puzzles. You have shown me how much fun puzzles can be and how addictive they can become!

It is a pleasure to acknowledge the folks at Adams Media who made this book possible. I particularly want to thank my editor, Lisa Laing, for so skillfully managing the many projects we have worked on together.

Contents

Introduction / 9

Puzzles / 11

Answers / 313

Introduction

The puzzles in this book are in the traditional word search format. Words in the list are hidden in the grid in any direction: up, down, forward, backward, or diagonally. The words are always found in a straight line, and letters are never skipped. Words can overlap. For example, the letters at the end of the word "MAST" could be used as the start of the word "STERN." Only the letters A to Z are used, and any spaces in an entry are removed. For example, "TROPICAL FISH" would be found in the grid as "TROPICALFISH." All punctuation marks, such as apostrophes and hyphens, are also omitted in the puzzles. Draw a circle around each word that you find in the grid. Then, cross the word off the list so that you will always know what words remain to be found.

A useful strategy is to look for the first letter in a word, then see if the second letter is in any of the eight neighboring letters, and so on until the word is found. Or instead of searching for the first letter in a word, it is sometimes easier to look for letters that standout, like Q, U, X, and Z. Double letters in a word will also stand out and be easier to find in the grid. Another strategy is to simply scan each row, column, and diagonal, looking for any words.

Puzzles

AROMA
BAKING
BROWN
BUTTER
CRUMBS
DARK
EGG
FLOUR
FRENCH
GLUTEN
GRAINS
ITALIAN
JAM
KNEAD
KNIFE
LOAVES
MACHINE
MAKER
MILK
MONEY
NAAN
OIL
OVEN
PAN
PITA
PROTEIN
RAISIN
RISING
ROLLS
RYE
SALT
SLICED
SOFT
SPICE
STARTER
TOASTED
WARM
WHITE
WONDER
YEAST

Bread Maker

A T I P E D P V G C S N B H
V L S N W O R B R N K Z X N
A A B A A S W A A R D Y V B
U S M I E A W H I T E X K K
A O U A B Y N I N S C K R L
S E R E T R A T S O I W A I
T N C D E T S A O T L N D M
C R G D E K N L M L S G B O
J U N N C X B I L I H U E N
O O S V I L L A E O T Y T E
W L N A P S O N K T R F H Y
A F J R S N I A E I O C B H
R A T O Z H C R V S N R J J
M H V M C G L U T E N G P G
Q E D A E N K Q R G S V S X
N X M N K N I F E G X K H A

Solution on Page 314

ADMIRABLE
BEST
BOSS
BRAG
BRILLIANT
CHAMPION
CHOICEST
DESIRABLE
EXCELLENT
EXEMPLARY
EXPERT
EXQUISITE
FABULOUS
FOREMOST
GOOD
GREATEST
INVALUABLE
NOTABLE
OPTIMAL
PEERLESS
PREMIUM
PRICELESS
QUALITY
SELECT
SHINING
SKILLFUL
SPLENDID
STERLING
STRIKING
SUPREME
SURPASSING
WONDERFUL

Outstanding

G T S E C I O H C L B E S T
N S T T O H M U I M E R P N
I E R E L B A R I S E D L O
L T I G W S R M V X D O E T
R A K N G O S I P R J O N A
E E I I V A N E L I K G D B
T R N S S A R D L L O M I L
S G G S K T L B E E I N D E
S T V A I N I U S R C A T F
E S O P L E B U A S F I N C
L O P R L L O B E B S U R T
R M T U F L L L O I L S L P
E E I S U E E S U P R E M E
E R M B L C S Q U A L I T Y
P O A H T X X G N I N I H S
U F L E X E M P L A R Y H N

Solution on Page 314

BAGELS
BONUS
BOSS
BREAK
BUSINESS
CHAIR
CLERK
COMPUTER
COPIER
DEMOTION
DESK
DRAWERS
EMPLOYER
ERASER
FIRED
FOLDER
GOSSIP
HOLIDAY
INTERNET
JANITOR
LAMP
LAYOFF
MANAGER
MEMO
MORALE
NEW HIRE
OFFICE
PAGER
PARTY
PAYDAY
PENS
PICTURES
POSTAGE
RAISE
REPORTS
RULER
SALARY
SCANNER
SHELVES
STAPLER

Office Life

P R I A H C O P I E R D X A
K P M A L Y D N S A L A R Y
A C O A T E T K R E L C O A
E O R R S E R U T C I P F D
R M A K R E L P A T S N F Y
B P L N R Y A D I L O H I A
E U E A R N E W H I R E C P
A T S D M E M O T F I R E D
N E I I R E Y O L P M E Q S
R R R P N A M S I S P G C H
E O E A F E W S L E G A B E
D T P G D B S E N A N T E L
L I O E A O O S R N Y S G V
O N R R G N O S E S I O W E
F A T G T U A R S A H P F S
L J S S M S V M R E L U R F

Solution on Page 314

AVOCADO
AZTEC
BEANS
BEEF
BURRITO
CARNITAS
CHEESE
CHILI
CILANTRO
CORN
CUISINE
CULTURE
FLAVOR
FOOD
FRESH
GARLIC
GORDITAS
HOT
MAIZE
MASA
MAYAN
MENUDO
MEXICO
MOLE
NATIVE
ONION
PEPPER
PORK
RECIPES
RICE
SALSA
SAUCE
SPANISH
SPICY
SQUASH
TACO
TAMALE
TEQUILA
TOMATO
VARIETY

Mexican Cuisine

D O O F T T N N O I N O W S
E R I C E P T A E V I T A N
C T E K S E N I S I U C V A
U A C P Q E B C E T Z A O E
A M H U P F P T A C O R C B
S A I S M E X I C O T N A Y
L L L S E M P U C N I I D R
A E I A A R L I A E R T O A
S V Z S T T F L L F R A T P
C P A I U F I O H L U S A Y
M H I R A C M D A A B P M T
E A E C I M I C R V P A O D
O N Y E Y E Y L O O K N T E
S Q U A S H T C R R G I L Q
G O D U N E M Y O A N S D G
V T Z H L A F P D Q G H O T

Solution on Page 314

AMPLIFIER
AUDIO
BUTTONS
CAR
CDS
CHANGER
COMPACT
COMPONENTS
COMPUTER
CORD
DEVICE
DIGITAL
DISC
DVD
EJECT
FEATURES
LASER
LENS
LOADING
MEDIA
MOTOR
MUSIC
OPEN
PAUSE
PLAY
PORTABLE
RADIO
REPEAT
ROTATE
SINGLE
SKIP
SONY
SOUND
SPEAKER
SPIN
STEREO
STOP
TRAY
VIDEO
VOLUME

CD Player

C D S I D B V E S U A P R U
J O T V O L U M E U F O N K
B C O M P A C T D Z T E J E
J B P S R Q F I T O P E L O
F S T N E N O P M O C G R E
W O C I I R E C H A N G E R
F N E P F C U C D I D S V E
N Y J S I O O T S V E I G T
R Q E V L M C B A D D N S S
L R E B P C A R I E I R R C
A D E U M J O G O D F A O Y
S L T K A T I E A I D E M C
E E L B A T R O P I K S Y Y
R N T T A E L S O U N D A P
A S E L R E P E A T F R L L
O F X S F M U S I C T N P D

Solution on Page 315

BLOOMING
BULB
CHIVE
CHOP
COOK
CRY
CUT
DIP
EYES
FLAVOR
FOOD
FRIED
GARDEN
GROW
KITCHEN
LAYERS
LEEKS
ODOR
PEARL
PEEL
PLANT
POWDER
PUNGENT
RED
RING
ROOT
ROUND
SALAD
SHALLOT
SKIN
SLICE
SOUP
STEW
STRONG
SWEET
TEAR
VIDALIA
WHITE
WILD
YELLOW

Onions

M S T U C W N M M S F S N D
B B J R N P J I Y G U P J A
T H Y C I H T W E T S X C L
O D I D K N Z V L N G T O A
O C X N S P G S A A A T O S
R D H U U N P J Y L R N K D
I S O O O L R A E P D E O E
V F S R P D E I R F E G Z R
Y I T L E E P O S L N N C A
R S D G Y D V N R I E U S E
P E S A P A W I M E H P H T
L Y E L L O W O H P C E B E
B E W F A I O U P C T I U E
N S T O L L A H S I I A L W
Y L K O B G A V H S K C B S
Z R P D L I W W O R G M A Q

Solution on Page 315

ACORN
ASIA
BARK
BED
BIG
BRANCH
CATKINS
CUPULE
DECIDUOUS
DOOR
FINISH
HARD
HISTORICAL
LANDSCAPE
LARGE
LEAF
LIGHT
LIMB
LIVE
LOG
NUT
OLD
PLANT
RED
ROOT
SHRUB
SMOKING
SPECIES
SPRING
STRONG
TABLE
TALL
TANNIN
TRUNK
WATER
WHITE
WINE
WOOD

The Mighty Oak

K O F R H Q D X M V J Z L S
T S I O S D O O W H I T E Q
C T N O G R T A B L E V I L
C R I T R T T T N A L P S W
K O S H T E A G C J U B E P
P N H G R Q E N I W P H X I
J G N I K O M S N B U S T N
K P D L S U O U D I C E D Z
N R O C A T K I N S N I G Y
U S O L A S O B R A N C H K
R F R A H T P R E D M E B D
T B A R K B N R I M H P M R
S C U G L Q D J I C A S I A
D B F E P A C S D N A L L H
L L A T P O M E U U G L O F
O F C L A G B T O K X U G R

Solution on Page 315

AIRCRAFT
AIRLINE
AIRPORT
BAG
BUS
CAR
CHECK
CLAIM
CLOTHES
DUFFEL
FLIGHT
HANDLE
HEAVY
HOTELS
ITEMS
LABEL
LEATHER
LOCK
LOST
LUGGAGE
PACK
PLANE
PURSE
RAILWAY
ROLLING
SHIP
STORAGE
STYLE
TAG
TICKET
TOTE
TOURIST
TRAIN
TRIP
TRUNK
TSA
UPRIGHT
WEIGHT
WHEELS
ZIPPER

Baggage

Y L B C E S Z L U G G A G E
J O U L A I L E F F U D L P
I S Y N W R L A L S F T A I
J T C H E C K T E D R C B H
S H E P A C K H X O N L E S
Y G P M O A T E P O C A L Q
T I Q L S O Y R G A V I H G
Z E N I L R I A W Y P M U A
S W V C W A I B W F G I B T
Q T F U T R U N K L N G R O
G R O P C S A T H G I L F T
T S I R U O T S R P L A N E
M U A I A A H O T E L S R S
H F R G B G F Z A K O E I R
T D A H W H E E L S R S K U
U B R T I C K E T R A I N P

Solution on Page 315

ART
BASKET
BLANKET
CLOTH
COLOR
COTTON
CRAFT
CROCHET
CULTURE
DESIGN
DYE
FABRIC
FIBER
HOBBY
KNIT
KNOT
LACE
LOOM
MILL
NAVAJO
NEEDLE
OVER
PATTERN
PERSIAN
PLAIN
REED
ROPE
RUG
SATIN
SEWING
SHUTTLE
SKILL
STRAW
THREAD
TWILL
UNDER
WEAVER
WEFT
WOMAN
WOOL

Weaving

I L R L O O W K D S R K V U
P L L P L A I N A R T U G L
F I B E R E V A E W K S G L
M K L J M Q N U R E D N N I
B S W O M A N O H Q D K I W
D Y O F V Y N I T A S L W T
D L B A T C L O T H X A E E
E L J B N H N Z U N R H S K
Y O M R O K P T R T C A R N
D V D I S H T E S O W B O A
M E C C U L T U R E A T L L
T R E R E T N C F S T R O B
Z L O R A D J T K O I U C Z
Z J Z P E F J E C A L A S M
E B K R E Y T D E S I G N O
V S M T I Z D J E V N V M T

Solution on Page 316

ALE
ATTACK
AXE
BATTLE
BITE
BOAT
BOOM
BULLET
CANNON
COAST
CREW
EVIL
FIERCE
FLAIL
GOLD
GROG
HOLD
HOOK
HUNT
KILLER
LOOT
MAST
MEAN
MUSKET
MUTINY
NASTY
OCEAN
RIFLE
ROPE
SAIL
SCAR
SHARK
SHIP
SINK
SKULL
SLICE
STAB
SWORD
WAVE
WOUND

Pirates at Sea

O N M S X D L R R A L E Y W
Z T J F K B I T E B V B Y K
Z W M A J B X N L I Q G N F
W Q R T C J B U L L E T I B
K A O A K N A H I N A E C O
X P V X A C T Q K O R O P E
X L I E Y A T T A C K S E L
S F M H N N L E E W O H I F
Z R A C S N E F K T E A H I
Z S S V W O Y P T S L R S R
O D T L M N G I W F U K C T
B U S A I L W O U N D M A G
N A S T Y C R D L O H O R S
S K U L L D E A O D B O F I
U M A B G T N K O D G B O N
N V B O I E B A T S R O L K

Solution on Page 316

ANTIQUE
BIG
BOOK
CHAIR
COMPUTER
CORNER
DEN
DRAW
EXECUTIVE
FRENCH
FURNITURE
HEAVY
HELP
HOME
INK
KEYBOARD
LAP
LEG
LIGHT
LOCK
METAL
MOUSE
NOTES
OFFICE
PEN
PHONE
READ
SCHOOL
SEAT
SIT
SMALL
STAND
STUDY
SUPPLIES
SURFACE
TOP
WALL
WOOD
WORK
WRITE

Desk

M D G D B P U L M L Z W P G
W I R E H V E P O T O O H I
F D D P L G V L U C K O O B
E F N L O O H C S X K D N T
O Y A O F F I C E Y V A E H
L M T N I N O O N N W X W G
S A S O K R F M E E E A U I
S Y T T N N U P Q C R D L L
Y K W E I G R U U D L F H L
L T R S M A N T I Q U E F C
X I I O D E I E C A F R U S
N S T A W V T R I A H C K T
V E E A E S U P P L I E S U
R R P A L T R L A X S A P D
B U S L T K E Y B O A R D Y
H I F Q X H O M E I E Z U P

Solution on Page 316

ABSORB
BAR
BEACH
BLOT
CLEAN
CLOTH
COLOR
COTTON
DECORATIVE
DESIGN
DISH
DRY
FABRIC
FACE
FIBERS
FOLDED
GUEST
GYM
HAIR
HAND
HOT
KITCHEN
LINEN
MOISTURE
NAPKIN
PAPER
POOL
RACK
RAYON
RUBBING
SOAP
SOFT
SPA
SWIM
TEA
WASH
WET
WIPE
WOVEN
WRAP

Towels

M G Y L D N A H N M D E Z X
F R E X N I K P A N L M W S
C R G V G D I C E I R T E O
T V T M I W S Z L E R W U Z
J T O S S T D R C O E A Q U
O S H W E E A F E B T S P A
R E Q K D B W R A P L H Z E
Q U G L I C U N O T T O C T
C G O H U T O P B C N P T N
R F N B S Y C A R S E H P R
F G D I A A B H R J S D O E
U Y O R B L N E E O F L O P
V M A S Y B B F A N O I L A
X C O O L I U P A C T N X P
K R I F F A B R I C H E W H
B N F T E P I W O V E N W Z

Solution on Page 316

ALIGN
ANCIENT
ANNULAR
BLINDING
BLOCK
BRIGHT
CHASERS
CORONA
COVER
CYCLE
DAY
EARTH
ECLIPSE
EVENT
FULL
GLASSES
LUNAR
MOON
NATURAL
NIGHT
OBSCURE
OMEN
ORBIT
PARTIAL
PATH
PINHOLE
PLANET
RARE
RING
SCIENCE
SHADOW
SKY
SOLAR
SPACE
STAR
SUN
TOTAL
UMBRA
VIEW
VISIBLE

Solar Eclipse

L L P Y Z O X W E I V T R I
N T B R A L O S O H O H J S
O I K Y J D H N A T N T P Y
O B G R A T R N A A A A I K
M R V H R A O L T N C P N C
B O S A T R A U N E V E H O
Y R E S O I R U O C M A O L
O K S C T A L G Y O S G L B
W X S R L A N C I E N T E U
B W A N R I L B R I G H T A
S P L T D E P S R C O V E R
H D G N N O B S C U R E N B
A L I G N E C N E I C S A M
E L B I S I V S R A N U L U
B U D Q R A R E L W V U P A
P F D C C F V E Y I O X S B

Solution on Page 317

ARCADE
ATM
BAGS
BOOKS
BROWSE
BUSY
CANDY
CARS
CASHIER
CHARGE
CINEMA
CLERKS
COFFEE
COMPARE
COOKIES
COUPONS
CROWDS
DEALS
DOORS
DRINKS
EXIT
FAMILY
FASHION
FRIENDS
HANGOUT
JEWELRY
KIDS
KIOSKS
LAYAWAY
LINES
MONEY
MOVIES
NOISE
PEOPLE
PERFUME
PRICE
REFUND
RETAIL
RETURNS
STAIRS

Shopping Complex

T U Y Z S K O O B D O O R S
I B Y L R Y U L R E F U N D
X W S N I E D H A N G O U T
E L E S A M E N C Y I G S Q
C I I C T U A B A H A T M X
I A K O S F L F S C S W Q M
R T O U W R S A H J E S A P
P E O P L E F R I E N D S Y
D R C O M P A R E W I I K P
A M E N I C E E R E L K I H
C B U S Y H D T S L C M O S
E L B C I A R U B R O W S E
K B E A C O I R A Y F R K I
C H A R G E N N F F F Z S V
A I A S K S K S K J E Z R O
C R O W D S S M O N E Y Z M

Solution on Page 317

ACE
ANDRE AGASSI
ARTHUR ASHE
BOBBY RIGGS
BORIS BECKER
CLAY
COURT
DAVIS CUP
DEUCE
DROP SHOT
FAULT
GAME
JIMMY CONNORS
JOHN MCENROE
LET
LOVE
MARTINA HINGIS
MATCH
MICHAEL CHANG
NET
PASSING SHOT
PETE SAMPRAS
RAFAEL NADAL
ROGER FEDERER
ROLAND GARROS
SERVE
SMASH
SPIN
STEFAN EDBERG
US OPEN
WILD CARDS

Play Tennis

S T E F A N E D B E R G A L
E H S A M S W L C U N R R C
R T B U A C E U S A T S J R
V J O L R T E O H H D I E O
E B R T T D P C U R M R S L
E O I F I E L R A M E N A A
O B S K N E A C Y D E N R N
R B B Z A S D C E T D D P D
N Y E H H L O F P R L R M G
E R C E I N R U E U O O A A
C I K W N E C A E O V P S R
M G E O G S G L M C E S E R
N G R O I A I M A T C H T O
H S R V S P I N G Y T O E S
O P A S S I N G S H O T P Z
J D I R A F A E L N A D A L

Solution on Page 317

ABSORB
AERATING
AERIAL
ANCHOR
BASE
BEET
BOTANY
BULB
CARROT
CROPS
DEEP
DIG
ECOLOGY
FLOWER
FOOD
FOREST
GARDEN
GROW
HAIR
HERB
ONION
ORGAN
PARSNIP
PLANT
POTATO
RUTABAGA
SHOOT
SOIL
STORAGE
SUPPORT
SURFACE
TAPROOT
TEA
THICK
TOOTH
TREE
TUBER
TURNIP
WEED
YAM

Roots

G Q A W P A C Y D C R O P S
T M E U E N C R I A H N L D
V E N R H C D Q B R O M A R
D B I K A H H S K R O Z N T
K A L D G O O E G O T Y T R
L C E U A R E A R T A N K E
E E I R B G N D E B T A X E
P C E H A E S A B I O T C L
L K A R T T P S U P P O R T
K I O F U A I H T B L B O F
H T O B R M X N T O W O T G
S N U S E U A G G O R O A M
D O N Z W E S Y R P O R D O
O I F O O D T G A H D T E A
P N J E L C I T S E R O F W
A O V R F D P I N R U T Q O

Solution on Page 317

ACTOR
ATHLETE
ATTENTION
AUDIENCE
AUTOGRAPH
BAND
BASEBALL
CHEER
CLUB
CRUSH
CULT
DESIRE
DEVOTED
EVENT
FAMOUS
FANATIC
FANDOM
FANZINE
FOLLOW
GROUP
HERO
IDOL
INTENSE
INTEREST
LIKE
LOVE
LOYAL
MAIL
MOVIES
MUSIC
PATRON
PLAYER
POLITICS
SINGER
SPORT
STAR
SUPPORT
TEAM
WEBSITE
WORSHIP

Biggest Fan

B M S T A R P L A Y E R R C
S B G M C I E A L O Y A L U
W A A R A R P G T R O P S L
H N W S O T U O N R P E P T
Y D E A E U H S L I O C M R
I T B F G B P L H I S N U O
D E S I R E A S E M T E S P
O W I E W V R L U T V I I P
L O T E R O G K L O E D C U
K L E S W E O D L B M U F S
M L L N O I T N E T T A D E
X O R E H L U N Q V N Z F I
X F D T L I A M I A O Q M V
E V E N T K A C T O R T A O
X U I I A E N I Z N A F E M
B U L C D F C H E E R R T D

Solution on Page 318

BLOUSE
BOARD
BURN
CLOTH
COLLAR
COTTON
CREASES
DRY
ELECTRIC
FABRIC
FLAT
FOLD
FORMAL
HEAT
HOT
IRON
JACKET
MAID
MATERIAL
METAL
MIST
PANTS
PRESS
SHIRT
SILK
SKIRT
SLACKS
SMOOTH
SPRAY
STARCH
STEAM
STRAIGHT
SUIT
TAILOR
TIES
TOOL
TROUSERS
WATER
WORK
WRINKLE

Ironing

I A T I U S K C A L S L Q M
X T N T S C I K C H R A J T
J R S O V U L A I R E T A M
M I L Y R D C O R H S E C B
M K T H G I A R T S U M K D
T S S E R P H O C H O T E I
A P J B F E O E E A R I T A
H I A D L M T I L S T E A M
E F L R S A D T E K B S E R
G T C A X A M S D W N H H E
D L C O L L A R L H X I C T
D J S B T E S U O L B R R A
V Q I A R T N L F F T T A W
Y X L C N R O L I A T L T O
D F K A U O U N Y A R P S R
D R P B T I Z F A R S V S K

Solution on Page 318

AARON
AIDAN
ALEXIS
ALYSSA
ANDREW
ANGEL
ANNA
ASHLEY
AVA
BROOKE
CALEB
CHLOE
CONNOR
DANIEL
DYLAN
ELIJAH
ELLA
EMILY
EMMA
ETHAN
EVAN
GRACE
HALEY
ISAAC
JACK
JAMES
JASON
JOHN
JULIA
KAYLA
KEVIN
KYLIE
LOGAN
LUKE
MARIA
NOAH
PAIGE
RYAN
SARAH
TYLER

Common First Names

Z G A L E X I S P H H C W L
F T M S A I A A R O N E U N
J A M E S J D V O T R K T Y
U A J A H Y A A N D E O L Q
L M A Y L A L S N N H O J K
I C A L E B J A O I O R S Z
A Z I I Y E D I C N E B Y A
V R D M K I E L L A O L C J
Y E L E A J K E Y E L A H F
M L T U Y M G I O J H N H F
Z Y H H L N A L Y D C N C N
S T G R A C E Y O R Y A N A
B K E V I N G K E G J J M V
B U P K A R I A I R A M I E
D O R S A R A H Q C E N G C
Z Q V C H R P B K G W H A K

Solution on Page 318

ABANDONED
AISLE
BASKET
BROKEN
CARRY
CHECKOUT
CHILDREN
COLLECT
COUNTER
FOLDING
FOOD
FULL
GOODS
GROCERY
HANDLE
ITEMS
LINE
LOAD
MALL
MARKET
METAL
PARKING
PLASTIC
PUSH
RETAIL
RETRIEVAL
RETURN
RIDE
ROLL
SEAT
SHOP
SQUEAK
STEEL
STORE
SWIVEL
TRANSPORT
WAGON
WALK
WHEEL
WIRE

Shopping Carts

W I R E N M G N I K R A P W
W A G O N R O L L U A M O R
A T K O O T E K S A B E H K
L E A C O U N T E R L T S H
K K E V I D U R R N I A E H
I R U M H O S O D I N L T G
Y A Q M K O B P Z L E E A N
P M S C C I T S A L P V B I
S M E T I V C N L A Y I A D
A H A N D L E A L M R W N L
C I T S O R L R U I R S D O
L K S A D W L T F L A C O F
I E D L B R O K E N C T N Q
E D I R E H C E N R U T E R
W H E E L S T O R E H E D R
C L U Y H S U P S D O O F I

Solution on Page 318

BELT
BLACK
BOYS
BUTTON
CASUAL
CLOTH
COTTON
CREASE
CUFF
DENIM
DESIGN
DOCKERS
DRESS
FABRIC
FLY
FORMAL
HEM
HIP
INSEAM
IRON
JEANS
KHAKIS
KNICKERS
LEG
LONG
MATERIAL
MEN
PANTS
POCKET
PRESS
SHORTS
SILK
SIZE
SLACKS
SUIT
TAILOR
WAIST
WOOL
WORK
ZIPPER

Pants

U Y F P Z S J T B N I W J S
F V A K L I S S C Q O M E W
J W S O E Z I I P R E S S I
N W P U G E R A K H L F L Y
D U A L I B O W T A I L O R
N W N V A T N O C Y H Q N E
I J T F E U L K B H N K G P
O D S K S C S M W O A E I P
N R C R S M W A T S Y H M I
D O C K E R S T C T E S C Z
P B T H R K U E U R D S M O
X L I T D B C R M O E N A P
L A M R O F R I I H S A E T
O C U F F C Q A N S I E S L
O K K T H H L L E K G J N E
W A A W R P E Q D U N G I B

Solution on Page 319

BOX
CARDS
CHANCE
CHESS
CHILDREN
CLUE
COUNTERS
DICE
FAMILY
FRIENDS
FUN
GAME
KIDS
LEARN
LIFE
LOSE
LUCK
MARBLES
MARKER
MONOPOLY
MOVES
PIECES
PLAY
POINTS
POPULAR
RISK
ROLL
RULES
SCENARIO
SCRABBLE
SORRY
SPACES
SPIN
SQUARE
TABLE
TIMER
TOKENS
TRIVIA
TURN
WIN

Games

U A C B T X B R U L E S D P
N I W H L I S S E V O M L L
N V Y P E N M A F U N R U T
P I E C E S R E T N U O C G
O R P K I N S Y R D P H K Y
I T O S S C E N A R I O F B
N T G X H F T A B L E S R Y
T S P A C E S O D D P E I R
S O N M M S C R A B B L E R
R C V R O E E A I S E B N O
E F I L K N N L Q C A R D S
K U R D K Q O U E I X A S U
R E L I G O A P S I O M G O
A O D C S R Q O O O B B A V
M S L E E K T P L L Q Q U L
K S M L L F A M I L Y S F T

Solution on Page 319

AIRBRUSH
ART
ATHLETIC
BLACK
BRAND
CASUAL
CLOTHES
COLOR
CONCERT
DESIGN
FABRIC
GRAPHIC
GYM
HANES
HUMOR
JEANS
JERSEY
LOGO
LONG
MESSAGES
NECK
PICTURE
PLAIN
POCKET
PRINT
SHIRT
SIZE
SLEEVE
SOFT
SPORT
STYLE
SUMMER
TAG
TEE
THIN
TOP
UNDER
UNIFORM
WIT
WORN

T-Shirts

X U N D E R S N A E J P U F
F A V A V J V A G Y P S O H
C O N C E R T A K I D T M T
A F P E E H T R C N S Y E I
S A J M L S U T A F P E Y W
U B T E S U U R L P R S D K
A R T S K R B S B L I R U G
L I T S E B V J H A N E S Z
C C F A T R M G P I T J G M
L L O G O I R P R N R N Y V
O R S E U A O E O A O T M E
T O R S P C F K M L P E K E
H L S H K A I T U M S Z V E
E O I E C I N I H T U I V H
S C T U E V U E L Y T S T H
R W O R N W B W M H F Z V S

Solution on Page 319

ANCHOR
BARGE
BOATS
BRIDGE
CAPTAIN
CREW
CRUISE
DECK
DESTROYER
DOCK
ENGINES
FISHING
FRIGATE
GALLEY
HARBOR
HULL
KEEL
LAKES
LINER
MARITIME
MAST
MERCHANT
MILITARY
MOTOR
OCEAN
POWER
RIVERS
RUDDER
SAILORS
SEAS
SINK
SLOOP
STERN
SUBMARINE
TANKER
TRAVEL
TURBINE
VESSELS
WATER
YACHT

Shipping Out

O K N A E C O C D F G P K T
Y S R O L I A S I R N O N T
E R O B R A H P V I I W I S
G R A F D M C D T G H E S A
D E S T R O Y E R A S R Y M
I D R U I B C C S T I E T O
R D I W B L I K W E F N A T
B U V I E M I T I R A M N O
W R E E X R A M T H E S K R
A T R N S N C R C S K S E E
T Z S T C S A R I G E E R N
E Y A H L V E U A N N I E I
R O O O E M R L I S E K A L
B R O L T C L G S T E R N L
P P M U B E N I B R U T Q U
T H C A Y E G R A B O Q C H

Solution on Page 319

ARCHERY
AUTO RACING
BADMINTON
BASEBALL
BASKETBALL
BOATING
BOWLING
CHEERLEADING
CRICKET
CURLING
CYCLING
DANCE
EQUESTRIAN
FENCING
FISHING
FOOTBALL
GOLF
GYMNASTICS
HOCKEY
HORSE RACING
JUDO
LACROSSE
ROWING
RUGBY
RUNNING
SHOOTING
SOCCER
SOFTBALL
SWIMMING
TRIATHLON
VOLLEYBALL
WRESTLING

Sporting

O L A C R O S S E C N A D O
D L B T S C I T S A N M Y G
U A A R C H E R Y B G U R N
J B E Q U E S T R I A N E I
G T M W R E S T L I N G U M
N F N I G R B O A T I N G M
I O O G N L L A B T O O F I
N S T N I E T F A K B L G W
N G N I C A R E S R O H N S
U N I T A D H N K E W T I G
R I M O R I O C E C L A L N
O L D O O N C I T C I I C I
W R A H T G K N B O N R Y H
I U B S U K E G A S G T C S
N C L L A B Y E L L O V S I
G P B A S E B A L L G O L F

Solution on Page 320

ACTION
ACTRESS
AWARDS
BOMB
CAMERAS
COLOR
COMEDY
CRITICS
CUT
DOUBLES
DRAMA
DUBBING
EDITOR
EXTRAS
FANS
FEATURE
FLOP
FRAMES
GAFFERS
GENRE
HIT
HORROR
LEADS
LIGHTS
LOOPING
MAKEUP
MUSICAL
MYSTERY
OSCAR
PARTY
PLOT
POPCORN
PROPS
RATINGS
SCRIPT
SEQUEL
STARS
STUNTS
THEME
TICKET

Silver Screen

L E U Q E S L G S B H J S S
E S H J D I P N T R C N R P
X I O R G O A I A O R J L R
T R A H P F U B R T I O C O
R W T C E O C B S I T Z R P
A S O O T R T U L D I M A S
S R G E G W U D N E C U C T
N N F N N A C T R E S S S U
T E K C I T F A A C T I O N
A F L O P T W F M E L C Y T
E M W N O H A N E E F A R S
M R A B O M B R P R R L E D
E O N R L F R A M E S A T A
H L R E D Y R T P I R C S E
T O V R G T N C O M E D Y L
R C X E Y R C P U E K A M Y

Solution on Page 320

ALASKA
ANIMAL
AQUARIUM
AQUATIC
BEACH
BROWN
CARNIVORA
CLAMS
CUTE
DIURNAL
DIVE
FISH
FLOAT
FORAGE
FUR
HABITAT
HUNTED
KELP
KEYSTONE
MAMMAL
MARINE
OCEAN
PACIFIC
PAWS
PELT
PREY
PUP
ROCKS
SEA
SHARK
SHORE
SKIN
SLIPPERY
SMALL
SPECIES
SWIM
TAIL
WATER
WHISKERS
ZOO

Sea Otter

C B X N L O S Q J N E W J R
D O C O B E W F X C U T E K
L O N L C D I U R N A L N R
I Z I L A M M A M K Q M I A
A F K A R M K A E F U W R H
T S S M N V S Y W I A C A S
L H L S I L S A R S T B M O
E V I D V T T A A H I E A S
P U P S O E U S L T C O N K
W K P N R Q P P A C I F I C
P R E Y A E L T S N E Q M O
J C R L C M K E K G W N A R
K U Y I P T A S A T A O L F
F D E T N U H R I E H J R S
P S H O R E O Q C H C A E B
D M O V R F D O P A W S K Y

Solution on Page 320

AXLE
BALANCE
CARNIVAL
CHAIN
CIRCUS
CLOWNS
CRANK
CYCLE
FALL
FESTIVAL
FRAME
FUN
GIRAFFE
HEIGHT
HELMET
HOBBY
JUGGLE
LEGS
MUNI
PARADE
PEDAL
PRACTICE
RIDE
SADDLE
SAFETY
SEAT
SHOW
SINGLE
SKILL
SPOKE
STUNT
TALL
TIRE
TOY
TRAINING
TRICK
UNSTABLE
UPRIGHT
VEHICLE
WHEEL

Unicycle

Z S S H O W F U W Y P T W Y
Y Z G E T R I C K O M N I R
B T N E A T H G I R P U Z F
B H E M L T I N U M L F C Y
O S E F F A R I G A K H Y S
H T D I A D V N V A A S C S
K U A Q G S F I Q I U U L L
S N R L L H T A N N P C E L
P T A Z L S T R S R M R L A
O E P R E B R T A R A I J F
K O D F C I A C E E K C U G
E Y S A D B T L L S A R G C
W H E E L I D G A I P X G C
Y V R E C D N Y S N W O L C
Z B I E A I V E H I C L E E
D L T S S Y O T E M L E H G

Solution on Page 320

APOGEE
AXIS
CIRCLE
COMET
CURVE
CYCLE
DEBRIS
ELLIPSE
FOLLOW
FORCE
GRAVITY
JUPITER
KEPLER
MARS
MOON
MOTION
MOVE
NEPTUNE
NEWTON
PATH
PERIOD
PHYSICS
PLANET
PLUTO
PULL
RADIUS
REVOLVE
RING
ROCKET
ROTATE
ROUND
SOLAR
SPACE
SPHERE
STAR
SUN
SYSTEM
TRACK
VENUS
YEAR

Orbit

A M D S S I X A F Y M P J E
E B R P T U L K E T E M O C
S A A Q I D N U O R T O S R
M C D P Y J Z J I I S V P O
E W I F O L L O W N Y E H F
W J U M L G D T H G S H E K
V G S S L N E L C R I C R R
X D N C U R V E N U T P E N
D E S O P N S R E V O L V E
O B P C I P E Z Q Q P R T W
G R A V I T Y V C E T A R T
Y I P L I S O E K Y T T O O
H S L P Y O Y M A O C S C N
L E U P G L V H R R K L K D
G J T K C A R T P L A N E T
Z N O O M R M X K C P A T H

Solution on Page 321

ACES
ANACONDA
BET
BILLABONG
CALL
CARD
CASINO
CHIPS
COMMUNITY
DEAL
DECK
DEUCES
DOUBLE
DRAW
FIVE
FLUSH
GAME
GUTS
HAND
HIGH
HOLD
KING
KUHN
LOW
MIXED
OMAHA
OXFORD
PAIR
PASS
PLAY
POT
QUEEN
RAZZ
ROYAL
SHUFFLE
SPLIT
STUD
TABLE
TEXAS
WIN

Poker Games

B W Y K L B C D R O F X O M
Y I A W L D E D T H D I C Q
E N L W A U P D D L O H A A
T O P L C L A X U F A N C K
S R E E A A S Y J T A E C M
V D S P L B S T Z C S E D G
U G T A N F O I O G D U Q C
N E Y E S N F N N W N Q H J
D O M I X E D U G O S I U V
R R A Z Z A O M H L P E K Z
A H A N D C S M D S L G T X
C Y V W Y T Z O A B I D E H
V W N H U K U C A H T M B M
M I D G S B U T R I A P Q B
I A W F L U S H I G H G N V
O N W E V I F W V N W W W K

Solution on Page 321

BASEBALL
BEACH TOYS
BICYCLES
BOATS
CARD GAMES
CHECKERS
COLLECTIBLE
COMPUTERS
CRAFTS
CRAYONS
DOLLS
EDUCATIONAL
ELECTRONICS
FUN
GADGETS
GUITAR
ICE SKATES
IPOD
JACKS
KITES
LEGOS
MODEL CAR
MONOPOLY
MOTORCYCLES
NINTENDO
PIANO
PLAYSTATION
RADIO
SCOOTER
SKIS
TRAINS
VIDEO GAMES
VOLLEYBALL
WATER GUNS
XBOX

All Kinds of Toys

R S N U G R E T A W X B O X
A S O G E L L A B E S A B Y
T B V O L L E Y B A L L D L
I M O T O R C Y C L E S O O
U S C S R E T U P M O C L P
G K Y C O W R A D I O R L O
V B G O S D O R Z L Z A S N
C I A O T N N S L F Y Y C O
H C D T V H I E K S U O R M
E Y G E D U C A T I O N A L
C C E R O T S A R N S S F R
K L T M I G T S E T I K T S
E E S B P I A N O B H N S K
R S L H O S E M A G D R A C
S E S N D M O D E L C A R A
B O A T S E T A K S E C I J

Solution on Page 321

AQUATIC
BAT
CAVERN
CAVING
CLIFF
COLD
COOL
DAMP
DANK
DARK
DEN
DOLOMITE
DRAWINGS
ENTRANCE
EROSION
EXPLORE
FRACTURE
GEOLOGY
GLACIER
GROTTO
HOLE
LARGE
LIVING
MINERALS
MOUNTAIN
NATURE
OPENING
PASSAGE
PIT
ROCK
ROOM
SEA
SHAFT
SHELTER
SPACE
STONE
STREAM
SURFACE
TUNNEL
WATER

Inside a Cave

D N O L C C M D A D P F J L
C A Q U A T I C L I F F P O
O S N V V S N A T U R E O W
L P E K I H E W N E E L O H
D R E K N A R I Q N T R E W
N D R N G F A G E O L O G Y
G A O K I T L H C T E O A W
D N S L N N S F N S H M S S
T L I U O P G R A X S B S S
I U O V A M N A R O R X A U
L M N C I Q I C T N E D P R
K A E N Z L W T N K I J M F
E E R B E A A U E I C C A A
R R A G T L R R S E A O D C
C T M E E N D E X P L O R E
W S R H Q O T T O R G L W E

Solution on Page 321

ARCHITECT
ARTIST
ASTRONAUT
AUTHOR
BAKER
BIOLOGIST
BUTCHER
CAPTAIN
CARPENTER
CASHIER
CHEMIST
COACH
COUNSELOR
DENTIST
DIETITIAN
DOCTOR
DRAFTSMAN
ECONOMIST
EDITOR
GEOLOGIST
HISTORIAN
JANITOR
JUDGE
LAWYER
MANAGER
MARKETING
MECHANIC
MUSICIAN
NURSE
PAINTER
PILOT
POSTMAN
SURGEON
TAILOR
WAITRESS

Get a Job

H S R O T C O D E N T I S T
C U A G E O L O G I S T B E
A R R E R O T I N A J S U S
O G T D R O L I A T E I T R
C E I I R G J W I P G M C U
P O S T M A N A R A D O H N
R N T O C U F I O C U N E A
E T C R A T B T T N J O R I
T U A M S H I R S E C C E C
N A R E H O O E I M K E Y I
I N P C I R L S H R A R W S
A O E H E O O S T X E N A U
P R N A R E G A N A M K L M
Z T T N Q D I E T I T I A N
O S E I X T S I M E H C P B
U A R C H I T E C T O L I P

Solution on Page 322

ALKALI
ALLOY
BRONZE
BUILDING
CAN
CHEMISTRY
COINS
COMPOUND
COPPER
ELECTRONS
ELEMENT
EXPENSIVE
FERROUS
GOLD
GRAY
HARD
HEAT
IONS
IRON
JEWELRY
LEAD
MAGNET
MATERIAL
MELT
MINES
NICKEL
ORE
PAN
PRECIOUS
RARE
RUST
SCREW
SHINY
SILVER
SODIUM
STAINLESS
STEEL
STRENGTH
TIN
ZINC

Metal

N A P T C R Y A R G K G K K
Z I S N O I R U O L E A D J
I B C K P A L K A L I N T T
G U H K P R E C I O U S S N
M I F A E T W W L O B T U E
I L E Z R L E P P E A I R M
N D R S C D J M X I E N A E
E I R C P H O P N B M T A L
S N O R T C E L E D E H S E
N G U E O N E M J R L T D Z
I R S W S S G G I M T G A N
O A O I S F O A U S M N L O
C R V R E V L I S Z T E L R
E E H O H P D D X I A R O B
V C A N S O M A G N E T Y S
D X I K S H I N Y C H S B D

Solution on Page 322

AMUSED
BEAM
BRACES
CAMERA
CHEEKS
CHILDREN
CONTENT
CREASE
DENTIST
DIMPLE
EYES
FACE
FAKE
FEELINGS
FLASH
FLIRT
FRIENDLY
FUN
GLAD
GOOD
GREETING
GRIN
HAPPY
HUMOR
JOY
KIND
LAUGH
LIPS
LOVE
MOUTH
MUSCLE
PEOPLE
PHOTO
PICTURE
PLAY
PLEASED
PRETTY
SMIRK
SOCIAL
TEETH

Smile

E O R D G F R P H U M O R K
X C E G R I N W B S I G T N
N F L I R T G O O D A Y N U
I A P I C T U R E V O L U H
D H O P L E A S E D J D F Y
J M E D H B R A C E S N K D
O O P I E G N C O N T E N T
Y U H M B N U S C C S I A M
K T O P K G T A H R K R N B
N H T L S G N I L E E F A G
H A O E A E L H S M E A F M
A T C Z R D L A A T H P S A
M A E S R P S C I P C L P E
F P D E S U M A S C P A I B
W W N Y T L V L X U O Y L X
D Y O E K A F K R I M S A J

Solution on Page 322

AMISH
AUTO
AXLE
BABY
BUGGY
CAR
CHARIOT
COACH
COMFORT
COVERED
DOOR
DRIVER
ELEGANCE
ENCLOSED
FOOTMAN
HARNESS
HOOD
HORSE
JOURNEY
KING
LEATHER
OMNIBUS
OPEN
PARK
PEOPLE
PULL
QUEEN
RIDE
ROAD
ROYAL
SEAT
SURREY
TOUR
TRAVEL
VEHICLE
WAGON
WEDDING
WHEEL
WHIP
WINDOW

Carriage

H Y R T N E E U Q K O X L E
O C O I P N B S R K O T L L
F U A J S S E N R A H R U X
R R D O O R E O A O C O P A
W E Q U C P N G S M H F Q E
V H C R O G C A U Q T M U G
M T E N K M L W R E T O K C
V A K E A T O I R A H C O N
G E W Y L G S F E M R V M F
G L H O H L E S Y T E S N B
W X U I D O D L P R V E I A
W H I P C N O B E A I F B B
P N S G E L I D O V R B U Y
A G N I D D E W P E D G S G
R I M Y M S I U L L G K G G
K L R O Y A L R E Y P Y Q P

Solution on Page 322

ADDICTING
ARCADE
ATARI
BLOCK
BUILD
CLASSIC
CLEAR
COLOR
COMPUTER
CONSOLE
DESIGN
DROP
FIT
FUN
GAME
GRAVITY
LEVEL
LINE
MATRIX
MUSIC
NINTENDO
PIECES
PLAY
POLYOMINOES
POPULAR
PUZZLE
ROTATE
ROWS
RUSSIA
SCORE
SHAPE
SOVIET
SPEED
SPIN
SQUARE
STACK
STRATEGY
TETROMINOES
VIDEO

Tetris

N D L Q O E D I V E G P F Y
A S H A P E L Z Z U P T I V
K C A T S D T S O V I E T H
L F C I M A T R I X G T W P
G U G U O C S S Q U A R E L
N N S C K R E T U P M O C A
W I R C D A T A R I E M X Y
C E O I R A D D I C T I N G
U L W S O D N E T N I N I E
B P S S P M Q Y P E P O P T
U O R A E L C T A L I E S A
I P O L Y O M I N O E S P R
L U T C T L S V N S C V E T
D L A W I S H A Y N E M E S
Q A T N U U M R I O S F D L
E R E R O C S G V C O L O R

Solution on Page 323

AGING
ALE
AMOUNT
BEER
BOURBON
BREWERY
BROWN
CASK
COOPER
CRATE
FISH
FLAVOR
FOOD
FUEL
GAS
GUN
HOLLOW
HOOP
KEG
LARGE
LID
OAK
OIL
PICKLE
PLASTIC
PORK
RAIN
RANCH
RIM
ROLL
ROUND
RUM
SHIP
STORE
TAP
UNIT
VESSEL
WATER
WINE
WOOD

Barrel

X Z P C P Q A V D V G M G Y
R S L L O O H O T E L A R G
I F L B D O O F B S W E S Y
E B O G L W P H O S W O H W
K R R L A R G E U E I K I M
P O O G C I T O R L G A P T
O W U R A I N B B O G O I D
R N N N Y H T D O I V N C H
K T D Y C N T S N T U A K S
B S Y N U F Q G A E J U L I
Y C A O K U E P Y L Z R E F
M R M C D K E W G M P R U B
H A I K N C H I A T O E R M
O T I M Q D C N S T L E Y K
Y E N L L B P E S K E I I K
J P F U U B B Y T B H R D W

Solution on Page 323

BIG
BOVINE
BULL
CART
CATTLE
CLOVEN
DRAFT
DRIVER
FARM
HAUL
HOOF
HORN
LARGE
LOAD
LOGGING
MALE
OXEN
PAIR
PLOW
POWER
PULL
RANCH
RIDING
SHOEING
STEER
STRENGTH
STRONG
TAIL
TEAM
TILL
TRAIL
WAGON
WHIP
WHOA
WORK
YOKE

Ox

C Y G D G H L C J D B M O C
A L N R N N F O A I G Z A M
E D O I T A I L G T W R R B
J B R V S T R E N G T H U C
A G T E E N I V O B I L I Y
L J S R A N C H L H L N E P
C U F W E R L L I T S E G N
L Y A O H W E P A I R E N Q
H D O R B A O E R H L G I I
H Y S K Q G L P T F A R D M
T T Q M E O P H L S P A I M
O N U D A N E X O L H L R L
D X T D P L R I E O U A O L
P U P K M A E T R A F P V W
N L N L B Z K N H X D E P F
C Z X Z F W R C L A N T S A

Solution on Page 323

BARBECUE
BENCH
BIKERS
BLANKET
CANOE
CHILDREN
CLOWNS
FLOWERS
GAMES
GARDEN
GAZEBO
GRASS
GRILL
HOPSCOTCH
ICE CREAM
JOGGERS
JUGGLERS
KITE
LANDSCAPE
LAWN
LEMONADE
PICNIC
PIGEONS
PLANTS
PLAYGROUND
POND
POOL
RECREATION
ROSES
SANDBOX
SHADE
SHELTER
SKATEBOARD
SLIDE
SWIMMING
SWINGS
TABLES

A Day at the Park

H C N E B L A N K E T I K J
M X B D P R E T L E H S Y M
Q O I G N I M M I W S E W Q
I B K E Q O G J O G G E R S
T D E O G H P E J N P Q H P
A N R N P M O U O L A A M L
B A S A O J G P A N D D A N
L S E C O G I Y S E S W E E
E S M U L B G S P C N V R R
S V R E C R E A T I O N C D
S G R E O E C T R N C T E L
A S N U W S B R A D A N C I
R Q N I D O K R O K E L I H
G D S N W O L C A S S N P C
D G A M E S Z F O B E Z A G
L L I R G A P E D I L S C B

Solution on Page 323

ANIMAL
BACK
BAGS
BLANKET
BOOTS
BROWN
BUCKLE
CAMEL
CANTLE
CHAPS
CINCH
COMFORT
COWBOY
CUSHION
ENGLISH
EQUINE
FENDERS
GIRTH
HARNESS
HORN
HUNTING
JOCKEY
LOAD
MOUNT
OIL
PAD
POMMEL
PONY
RANCH
REIN
RIDE
RODEO
SEAT
SHOES
SIT
SOAP
STABLE
STRAP
STYLE
TACK

Back in the Saddle

B J C B S H C N A R I D E W
O D O O E D O R P T U K N J
X G A C M S W L N A A R C Y
M P N K K F B U C B R O W N
H T R I G E O F A O P T N O
O L O Y T M Y R N O B A S P
K L B L A N K E T T U E D G
Q D W O I O U Q L S C S Q V
K E N G L I S H E S K C A B
S C X O A H L L E E L Y T S
T E A Y M S R E D N E F S G
I D L T I U L M C R I P M C
S G A B N C A M I A A U D Z
Y O W Y A R E O N H M O Q K
V R S S D T O P C N I E R E
G S S E O H S H H L Z Q L S

Solution on Page 324

ACRYLIC
ART
BLACK
CLASS
CLEAN
COLOR
COMPUTER
DIAGRAM
DRY
EDUCATION
ERASE
GLOSSY
IDEA
INK
LECTURE
LESSON
MAGNETS
MESSAGE
NOTES
OFFICE
OVERHEAD
PEN
PLASTIC
PRESENTATION
PROJECT
SCHOOL
SMOOTH
STEEL
STUDENT
SURFACE
TEACHER
VIRTUAL
WALL
WHITE
WORK
WRITE

Whiteboard

Y	N	D	K	X	K	Z	O	C	T	L	B	F	G
E	L	A	U	T	R	I	V	O	W	R	D	S	S
T	L	S	E	T	O	N	E	M	K	P	N	T	L
I	O	C	K	L	W	V	R	P	N	O	E	E	B
R	O	J	C	Y	C	N	H	U	I	E	C	N	M
W	H	L	A	M	X	S	E	T	L	T	P	G	A
Y	C	I	L	Y	R	C	A	E	U	L	L	A	W
C	S	T	B	X	N	T	D	R	Y	Q	B	M	K
I	M	S	N	O	N	T	E	C	A	F	R	U	S
T	R	E	S	E	D	U	C	A	T	I	O	N	D
S	V	S	S	A	D	I	T	E	A	C	H	E	R
A	E	E	B	S	L	U	A	Q	J	W	I	G	E
L	R	I	D	E	A	C	T	G	C	O	L	O	R
P	Y	S	S	O	L	G	E	S	R	A	R	T	A
L	R	O	F	F	I	C	E	L	T	A	E	P	S
X	D	E	T	I	H	W	H	T	O	O	M	S	E

Solution on Page 324

ACADEMY
ARREST
ARSON
BADGE
BATON
BEAT
BURGLARY
BUST
CANINE
CAPTAIN
CHIEF
CITATION
DRAGNET
DUTY
FLARE
GUN
HOLSTER
HOMICIDE
JAIL
JUDGE
LAPD
MACE
MURDER
NYPD
ORDER
PAROLE
PARTNER
PRISON
PROTECT
RADIO
SAFETY
SIREN
STATION
SUSPECT
SWAT
TICKET
TRAFFIC
UNIFORM
VICTIM
WARRANT

Police Work

B R B S U D B M C H I E F V
S A E T B U I S W A T O N Q
I D A A S T Q L R E D R U M
R I T T C Y M P A R T N E R
E O L I A J P C R C T D G O
N R V O W R S E E Q I T D F
I D N N I A T P A C C C A I
G E M S F S S F I Y K A B N
Z R O E L U E M L R E N A U
N N T O S N O I T A T I C G
D Y H T X H E C E L R N A V
N C R S F L E C N G A E D M
Y O Q E O T A E G R F G E M
P F S R O M O X A U F D M D
D W A R R A N T R B I U Y J
R P P A A L A P D J C J G X

Solution on Page 324

AUTOMATIC
BIND
BOOKLET
BULLETIN
BUSINESS
CLIP
CONNECT
DESK
DEVICE
DOCUMENT
ELECTRIC
FASTEN
FILES
GUN
HEAVY
JAMMED
JOIN
LARGE
LOAD
MANUAL
MECHANICAL
METAL
OFFICE
PAPER
PIN
PUNCH
PUSH
SCHOOL
SHEET
STAPLE
SUPPLIES
SURGICAL
TACK
TEACHER
TOGETHER
TOOL
WORK

Stapler

O P G G A Y S E I L P P U S
D Q M A U T O M A T I C M T
L E U M D N H C L I P A Y A
O V M B U S I N E S S V S P
A B E M X N M A N U A L A L
D U L L A T E M R E B P O E
O L E H A J Q G H S E U B C
C L C O F F I C E R V S I W
U E T T A C K L M Y K H N O
M T R O A E I T B N P S D R
E I I L G F C K O E U C E K
N N C R S E Y M O T N H V D
T Z A V N H T L K S C O I P
O L J N I P E H L A H O C X
O F O Q O U B E E F T L E Y
L C A V J J J T T R Y N J G

Solution on Page 324

AUDIENCE
BETWEEN
BRIDE
BUS
CART
CENTER
CHAIRS
CHURCH
CLEAR
CONCERT
COURT
DOWN
FACTORY
FOOD
LANE
LIGHTS
LINE
LONG
MALL
MARKET
MIDDLE
MOVIE
NUMBER
PASSAGE
PATH
PEW
RETAIL
ROW
SEAT
SECTION
SHELVES
SHOP
SPACE
STADIUM
STORE
THEATER
USHER
WALK
WEDDING
WIDE

Down the Aisle

L P E N J C H G C N Z V I Z
A T O E I V O M R A S B M E
N P D H P R O W U H R I B L
E R O T S R P H E I D T W I
V P W L R A B L D D D I F G
A I N J S E V E L Z D A V H
U X W S T E C E S E C I T T
D C A W S L C N G T S A N S
I G E E O O R T O R P F W G
E E A N U E E R I C O M A M
N T G R T C Y A E O M A L L
C L T A A E H J D T N R K L
E S I P A C R U E E A K W O
B L S N U M B E R C L E A R
H M E D E P U Z W C P T H K
F X Z T O F S W U S H E R T

Solution on Page 325

AIR
BATTERY
BELTS
BLOCK
BURN
CAR
CONVERT
COOLING
CYLINDER
DIESEL
DRIVE
ELECTRIC
EMISSION
ENERGY
ENGINEER
EXHAUST
FUEL
GAS
GEARS
HEAT
HYDRAULIC
JET
MACHINE
MECHANIC
MOTOR
OIL
PARTS
PISTON
POWER
PROPEL
REV
ROCKET
RUN
SPEED
STEAM
STIRLING
TORQUE
TURBINE
VALVES
VEHICLE

Start Your Engines

F D T O K S M O T O R V S H
T E K C O R E E N I G N E A
O E L G R A L P J S Y A X R
R P E Y R E T T A B T R H S
Q S P R C G D I U S Q M A E
U N O T D K R N T R E B U V
E O R R L C A I I C B T S L
T I P A I O R M H L J I T A
C S H C I L U A R D Y H N V
O S H K I B N C J D D C N E
O I A N Z I R H D E S O E H
L M G G C E V I R D T N P I
I E W S W R E N L S E V A C
N U R O O S R E I R A E R L
G K P I E U U P G Y M R T E
W T H L B F I Y B E L T S R

Solution on Page 325

BAND
BOX
BRIDE
CEREMONY
CIRCLE
CLASS
COMMITMENT
DESIGN
DIAMOND
EMERALD
ENGRAVED
EXPENSIVE
FASHION
GEM
GIFT
GOLD
GROOM
HAND
JEWELS
LOVE
METAL
OPAL
ORNAMENT
PEARL
PLATINUM
PRECIOUS
PRESENT
PROMISE
ROUND
RUBY
SAPPHIRE
SETTING
SILVER
SIZE
STERLING
STYLE
TITANIUM
TOE
WEAR
WEDDING

Rings

R W Z P N G I S E D I R B C
W M E T A L G R O O M C J Y
V J U D M U I N A T I T B B
U E D R D H A N D O P U E U
Y W A N P I B E L C R I C T
Y E B P O R N A M E N T V N
W L A R K M E G P R Z H R E
O S N E S D A C G E M I V M
P C D S T E V I I M A I S T
A L F E E V Y S D O S R P I
L A A N R A E L T N U R L M
B S S T L R O V E Y O S F M
O S H G I G T P O M L L U O
X W I R N N X S I L V E R C
O F O X G E U S E T T I N G
T D N U O R E M E R A L D L

Solution on Page 325

ANNIVERSARY
APPETIZERS
BALLOONS
BEER
BIRTHDAY
BLOCK PARTY
CANDLES
CELEBRATION
CHRISTMAS
COCKTAIL
DECORATIONS
DRINKING
EATING
EVENT
FAMILY
FOOD
FUN
GAMES
GATHERING
GIFTS
GRADUATION
GROUP
GUESTS
HALLOWEEN
INVITATIONS
KEG
MIXER
MUSIC
PEOPLE
RECEPTION
STREAMERS
SURPRISE
TEA PARTY
TEENAGERS

Throw a Party

R A P P E T I Z E R S A P R
Y G R A D U A T I O N E E G
B I R T H D A Y V N O X N F
E T N E V E R H I P I I U T
S E N Y I C B V L M T D F E
I A O L T O E E G A A R C E
R P I I G R E C E P T I O N
P A T M S A A S K R I N C A
R R A A F T T P T J V K K G
U T R F O I R H K F N I T E
S Y B Y O O Y E E C I N A R
T S E L D N A C A R O G I S
S C L C I S U M S M I L L E
E U E H A L L O W E E N B M
U T C H R I S T M A S R G A
G R O U P B A L L O O N S G

Solution on Page 325

ACRYLIC
AERIAL
BIND
BOAT
BRAID
BRIDGE
CABLE
CLIMB
CLOTH
COIL
CORD
COWBOY
CUT
FASTEN
FIBER
HEMP
JUMP
JUTE
KNOT
LENGTH
LINE
LONG
LOOP
MANILA
PLY
PULL
RANCH
RAYON
RODEO
SAFETY
SAIL
SHIP
SILK
SISAL
SWING
THICK
TIE
TOW
TUG
WHIP

Ropes

D H W O M F J U T E G W H E
T L Y X T L L Y H N Q Y L P
A O P S A V F L I A S L I H
R J I W X I E W C P L O N G
R L H K B U S O K F U C E F
K I S E N M S I T N T L K M
P N R W M L I M S U B O L H
P O O L X P E L C A G T N H
E F O Y O B W O C B L H D K
T R R C A A L A I R E A R B
A O O H X R L W L I N D O A
C D W C L I O C Y D G A C Q
E E I N N L E E R G T T B X
R O S A F E T Y C E H I I M
M R M R R N O F A S T E N L
R I D M D B J U M P M E D U

Solution on Page 326

ADVENTURE
AIRSTREAM
AWNING
BED
CAR
COMFORT
COMPACT
DRIVING
FAMILY
FUN
GAS
HAUL
HIGHWAY
HITCH
HOME
HOUSE
JOURNEY
KITCHEN
LARGE
LEISURE
LIVE
LOAD
MOBILE
OUTDOORS
PARK
RIDE
ROAD
SEASONAL
SHELTER
SHOWER
SLEEP
SMALL
TIRES
TOW
TRAVEL
TRIP
TRUCK
VAN
VEHICLE
WHEEL

Travel Trailer

V X A D V E N T U R E V I L
E S H I D S V N U F P M Y S
G L L A R G E V E H I C L E
T G I E U S Y A W H G I H R
Y Q P B E L T L S S C L E I
B H L S O P O R Y O X T D T
J T C A P M O C E P N F I Q
B C O M F O R T N A E A R K
I W O T D Q L V R R M M L C
T S H T C R E Y U K O I O U
H H U E X E I E O G H L A R
E O I C E T S V J N P Y D T
L W U T T L U L I I L G V D
D E B S C E R Z R N P R A C
H R F B E H E T Z W G O N S
E L L A M S L E V A R T D X

Solution on Page 326

ALMANAC
APPENDIX
AUTHOR
BOOKENDS
BUSINESS
CASE
CHAPTERS
CONCEPT
COOKING
COPYRIGHT
DRAMA
EDITION
FICTIONAL
FONT
FOOTNOTES
HARDCOVER
INDEX
ISBN
ISSUE
JACKET
LIBRARY
NOVELS
PAGES
PAPERBACK
PREFACE
PRINTING
PUZZLES
REFERENCE
REVIEW
ROMANCE
SERIES
SETTING
SHELF
STORY
TEXTBOOK
TUTORIAL
USED

Book Lovers

A L M A N A C W E I V E R D
S I T F L E H S E R I E S R
E S E J O C A S E R K B S A
G B K C X O P H E P Y O P M
A N C O I P T F M R V O R A
P G A O D Y E N O I P K E U
U N J K N R R T O N A E F T
Z I E I E I S Y F T P N A H
Z T G N P G N I U I E D C O
L T C G P H C D S N R S E R
E E P B A T T W E G B L D O
S S E N I S U B D X A E I M
R E V O C D R A H C C V T A
F O N T E X T B O O K O I N
L A I R O T U T P E C N O C
L I B R A R Y E U S S I N E

Solution on Page 326

AGRICULTURE
BAKED GOODS
BALLOONS
BLUE RIBBON
BUMPER CARS
CARNIVAL
CAROUSEL
CLOWNS
COIN TOSS
COMPETITIONS
CONCESSIONS
CONTEST
COTTON CANDY
DANCERS
EXHIBITS
FOOD
FUN
GAMES
HANDICRAFTS
ICE CREAM
LIGHTS
LIVESTOCK
MUSIC
NOVELTIES
PICTURES
PIZZA
PRIZES
RACES
RIDE PASS
SNOW CONES
SWINGS

Fun Fair

K S K E X H I B I T S Y B G
C O N C E S S I O N S G U A
O S S O T N I O C I S U M M
T S M S N O W C O N E S P E
S A A G R I C U L T U R E S
E P E N J T F U N H S Y R N
V E R I G I I O U A D T C O
I D C W B T V A C N O P A O
L I E S R E C N A D O I R L
I R C I L P V C R I G C S L
G W I T R M N D N C D T C A
H I I I N O B B I R E U L B
T E Z G T C H E V A K R O D
S E J T P I Z Z A F A E W O
S C O N T E S T L T B S N O
G C S E C A R O U S E L S F

Solution on Page 326

ALPHABET
ANTIQUE
BACKSPACE
BROTHER
BUSINESS
CAPS LOCK
CARRIAGE
CARTRIDGE
DESK
DICTATION
DING
FINGERS
FONT
IBM
INVENTION
KEYBOARD
LETTERS
MACHINE
MANUAL
NOISY
NUMBERS
OFFICES
OLIVETTI
PORTABLE
PRINT
QWERTY
REMINGTON
RETURN
ROLLER
ROYAL
SCHOOL
SECRETARY
SELECTRIC
SPEED
STRIKE
TAPE
TYPIST
WPM
WRITING

Vintage Typewriters

L A Y O R E L L O R M P W Y
L A U N A M F P R I N T S Z
E D H N O I T N E V N I K C
T I K E N I H C A M O B S I
T N S G B N O T G N I M E R
E G E A L P H A B E T B C T
R R D I K C O L S P A C R C
S R A R J X A S D C T Y E E
R E N R U T E R K I C K T L
E H T A M N A S T Q I W A E
B T I C I O P T W R D Q R S
M O Q S B A E E T S I P Y T
U R U Y C V R S P E E D C A
N B E E I T W R I T I N G P
S K P L Y K P O R T A B L E
T N O F F I C E S C H O O L

Solution on Page 327

BATH
BRAID
BRIDLE
BRISTLE
BRUSH
BUCKET
CARE
CLEAN
CLIP
COAT
COMB
CURRY
DIRT
GROOM
HAIR
HAND
HARNESS
HEALTH
HOOF
HORSE
MANE
MUD
PICK
POLISH
SADDLE
SCRAPER
SHINE
SHOW
SKIN
SPONGE
SPRAY
STALL
TACK
TAIL
TEETH
THRUSH
TRIM
WASH
WATER
WET

Horse Grooming

C T H W H C O E O Y B Q P A
T G E E G N O P S R N O S H
H E S W A T E R I R L O T N
R A P J C L T S D I R T A G
U E R O O E T O S A D D L E
S H A N K L L H O R S E L N
H T Y C E X F D I T U S L A
R M U B C S K I N Q P L S M
P B O M Q H S U R B E N M R
D R T O I C L E A N A T W D
U I C C R C C L I P S T O Y
M D A A U G X H T E E T H C
M L P R R S S O A A W A S H
I E R I B E E O P N I J H C
R Y A K C A T F W T D L V M
T H O X D K M Z Z X F I D W

Solution on Page 327

BIG
BUFFET
CANTEEN
CASHIER
CHAIR
COFFEE
COLLEGE
COOK
COUNTER
CUPS
DINE
DISHES
DRINK
EAT
FACILITY
FOOD
HALL
HOT
HUNGRY
KITCHEN
LINE
LOUD
LUNCH
MENU
MILK
OFFICE
PIZZA
PLAN
QUICK
REGISTER
ROOM
SALAD
SERVER
SNACKS
STALL
STORE
STUDENT
TABLE
TRAY
VARIETY

Cafeteria

Y O E H W C H B F L F E O T
K T N R R E I H S A C Z V J
W Y I K E G E L L O C E L H
C N D L G T E F F U B C S O
O A Z Z I P N E H C T I K V
V L N E S C M U F O V F C G
E P V T T E A Q O F T F A T
A P C A E N H F O C O O N Q
T M O O R E E S D T O C S B
R L I Z T I N D I D A O A W
A I S E R V E R U D S B K N
Y S A L A D E T B T R P L P
H T T H U N G R Y L S I U E
B A W K C I U Q O A I N N C
U L L I N E D U Z T E V C K
Q L K L I M D O Z M S V H M

Solution on Page 327

AIRCRAFT
AIRPORT
ALTITUDE
ANTENNA
ARMY
AVIATION
BATS
BEARING
BLIP
DETECT
DISH
DOPPLER
ECHO
ENERGY
FORECAST
JAMMING
LOCATION
MEASURE
MILITARY
MISSILE
NAVY
OBJECT
PING
PLANES
POLICE
PULSE
RAIN
RANGE
SCAN
SCREEN
SHIP
SIGNAL
SONAR
SOUND
SPY
STEALTH
STORM
SYSTEM
WAR
WEATHER

Radar

A X V U H H Z M L H W A R R
R A N G E N E R G Y V A N S
M I P A S I G N A L I V A T
Y U M I S S I L E N N L H O
P R F O N M B A T S O N A R
S E U T M G W P O L I C E M
P N S A S E L O C A T I O N
D H J L A A M S T E A L T H
N T S T U D C I B L I P C B
E C H I Z P N E L T V W E C
E E I T F A R C R I A P J M
R T P U E C H O N O T L B E
C E P D O P P L E R F A O T
S D I E E R U S A E M N R S
T S G N I R A E B T F E C Y
H W M A N T E N N A C S G S

Solution on Page 327

ACTIVE
ATHLETIC
BEEFY
BIG
BRAWNY
BRUISING
BULKY
CAPABLE
DURABLE
ENDURING
ENERGETIC
FIRM
FORCEFUL
FORCIBLE
HEALTHY
HEFTY
HULKING
HUNK
HUSKY
MIGHTY
MUSCULAR
POTENT
POWERFUL
ROBUST
RUGGED
SECURE
SINEWY
SOLID
SOUND
STABLE
STALWART
STAUNCH
STEADY
STOUT
STURDY
TIRELESS
UNTIRING
VIGOROUS
VITAL

Powerful Words

B H H U S K Y S O U N D L L
E U U S E C U R E L B A T S
E N L N S E Y T N E T O P W
F K K K H E A L T H Y O V O
Y D I F Y K L B R A W N Y L
W U N O S N S E D E G G U R
E R G R U N T I R I N G G O
N A N C O R O F D I L O S B
I B I E R A U H E F T Y A U
S L R F O L T R A W L A T S
T E U U G U Y D R U T S H T
E V D L I C F O R C I B L E
A I N A V S C A P A B L E G
D T E T G U I H C N U A T S
Y C F I R M I N Y T H G I M
N A B V E N E R G E T I C D

Solution on Page 328

ARTIFICIAL
BASIN
BOAT
CITY
CLEAN
CONCRETE
CONSTRUCT
CONTROL
CREATED
DAM
DEEP
DIVER
DRINK
DROUGHT
FILL
FISH
FLOW
GROUND
LAKE
LEVEL
MAINTAIN
NATURAL
OIL
POTABLE
POWER
PUMPING
RAIN
RIVER
SERVICE
SOURCE
SPILLWAY
STORE
STREAM
SUPPLY
SWIMMING
TOWER
TURBINES
VALLEY
WATER
WELL

Around the Reservoir

E G S R I V E R E W O P D I
B L E V E L L S S O U R C E
W P B A S I N I C M I R N D
N O V A L L E Y P N E I R I
T A L L T X J I K A A O T V
H S I F C O N S T R U C T E
D F S S F G P E T G O S Y R
S N P W Y T D I H N I E Y E
Z A I I T B F T C I L R L W
I T L M I I O R M A O V P O
P U L M C L E A N T R I P T
W R W I R T D B T N T C U D
A A A N E T U R B I N E S E
T L Y G R O U N D A O K G E
E R O T S T R E A M C A I P
R T K P P S S W W E L L Q O

Solution on Page 328

BILLS
BLACK
BREAST
BROWN
BUSINESS
CARD
CASE
CHAIN
CLASP
CLIP
COINS
CREDIT
CURRENCY
DESIGNER
FABRIC
FASHION
FLAT
FOLD
HANDBAG
HOLDER
JEANS
LEATHER
LICENSE
LOST
MEN
MONEY
NOTES
NYLON
PANTS
PERSONAL
PHOTO
PLASTIC
POCKET
PURSE
SLOTS
SMALL
STOLEN
STORAGE
TRAVEL
VELCRO

Wallet

O M U W L L A M S F O L D S
T N E M O B Y T U T O U R T
O O A S R E H F Y B O C I U
H L T O N E L O T S L L I B
P Y W O H A N D B A G A S P
C N M E T O Y G E B E S C T
I C H A I N D W I S S P I K
R E V H R T B W R S S D U L
B G S C E R C U R R E N C Y
A A A K E O P L J R N D I L
F R C A I J S E C F I T R O
D O S Z C E L A N O S R E P
P T N P L A S T I C U A D A
I S I P N N S H Q X B V L N
L N O T E S N E C I L E O T
C Z C V E L C R O T C L H S

Solution on Page 328

ADDITIVE
ALMOND
AROMA
BANANA
BITTER
BLAND
CHERRY
COOK
EAT
ENHANCE
FOOD
FRUIT
GARLIC
GOOD
GRAPE
HOT
LEMON
MINT
MOUTH
NATURAL
ODOR
ORANGE
PEPPER
RICH
SALT
SAVOR
SCENT
SENSE
SHARP
SMELL
SOUR
SPICE
SUGAR
SWEET
TANG
TART
TASTE
VANILLA
VINEGAR
WINE

Flavor

O T A N G X H H C I R I H C
C D D O P L B O S O U R A D
A C O D W B L H T U O M E A
D D O R A I A E Y S O K C R
N Y F E B S N N M R E I I M
H H R V I T D E A S C N P T
Y Z U R E M I N T N E C S E
T G I A E A L L I N A V H E
A A T E N H A N C E I C A W
B R R P Y R C F V N E A R S
R L X T U L V I E G S U P T
B I T T E R T G N V R A A A
E C A M A I A A D Q G A L S
P N O G D R R E P P E P P T
Q N U D N O M L A G N F D E
L S A V O R O X G G V F F C

Solution on Page 328

ANIMATION
BATTERY
BLINKING
BRIGHT
BULB
CIRCUIT
COLOR
COMPUTER
CORD
DISPLAY
ENERGY
FIBER
FLASHING
FLICKER
FUSE
GLASS
HOLIDAY
HOUSE
LAMPS
LED
LIGHT
ORNAMENT
OUTSIDE
PLASTIC
PLUG
POWER
SAFETY
SETS
SHOW
SIGN
SOCKET
STAR
STRAND
STRING
SWITCH
TIMER
TREE
VOLTAGE
WATTS
WIRES

Christmas Display

S T T A W P O W E R E B I F
S W I T C H L L S Y N Y B R
A O S T J C R U T T E G A A
L A C P R E O E G H R B I T
G N C K M E F R B O G A O S
X I S I E A E B D L Y I N T
K M T L S T L G J I U H R D
S A E X U I N T W D W B S B
G T S P N I I E I A O A E I
C I M K R U S O M Y H T R L
Q O I T C U U P L A S T I C
C N S R O T H G I L N E W O
G N I H S A L F C P G R Z L
Y C L I U N R F U S E Y O O
L E D Y N R E K C I L F L R
H E G A T L O V U D C T R F

Solution on Page 329

ABSINTHE
BEER
BOOZE
CHAMPAGNE
CIDER
COCKTAIL
COFFEE
COGNAC
COLA
EGGNOG
ESPRESSO
GINGER ALE
GRAPPA
GROG
HOOCH
LEMONADE
LIMEADE
LIQUEUR
MILK
MOONSHINE
NECTAR
ORANGEADE
OUZO
PASTIS
PULQUE
PUNCH
RAKI
RUM
RYE
SCOTCH
SLIVOVITZ
SPARKLING
SPIRITS
TEA
TOMATO JUICE
VODKA
WHISKEY
WINE

Have a Sip

P Z V O D K A B B O O Z E D
T S I E S P R E S S O U O A
Y E P N K H C N U P Q X Z P
C E G I N G E R A L E V U P
Y F K H R Y F S U C W L O A
R F H S R I T P I H I E S R
S O C N I I T U S A J M C G
L C O O S H J S T M S O O R
I I O O R O W K E P J N T O
V D H M T A C C A A G A C G
O E R A U O N R A G E D H N
V R M C C R K G E N C E H E
I O O N K L I M E E G O V C
T A B S I N T H E A B O L T
Z W I N E L I M E A D E C A
S E G R A K I L I Q U E U R

Solution on Page 329

AMP
APPLIANCE
ARC
BATTERY
BULB
CIRCUIT
COMPUTER
CONDUCTION
CORD
COULOMB
CURRENT
EDISON
ELECTRONS
ENERGY
ENGINE
FIELD
FORCE
HEAT
HOUSE
INDUSTRY
LIGHT
LINES
MAGNETIC
METER
MOTOR
OUTAGE
OUTLET
PLUG
POTENTIAL
POWER
RESISTOR
SHOCK
SOURCE
STATIC
SURGE
SWITCH
UTILITY
VOLT
WATTAGE
WIRE

Electric

R D S S T A T I C L I N E S
H B U L B H I E T L O V N H
M O T O R M G N L Y O K I O
H G U L P A O I D T P S G C
E U R S C G O L L U U P N K
A Y G R E N E J U R S O E N
T B A T T E R Y G O I T R M
U T I L I T Y E S T C E R R
X A P P L I A N C E T N O Y
T F M K K C O U T U W T A H
N I D P U R D N P I S I O C
O E U R T N E M R I M A U T
S L P C O R O E S M E L T I
I D E C R C P E G A T T A W
D L I U H I R P O W E R G S
E E C R O F C S O U R C E S

Solution on Page 329

ANATOMY
ANIMAL
ARM
BLOOD
BODY
BROKEN
CALCIUM
CAST
DENSITY
FEMUR
FIBULA
FRAME
HAND
HIP
HUMAN
INTERNAL
JAW
JOINT
KNEE
LEG
LONG
MINERAL
MOVEMENT
NECK
PATELLA
PELVIC
POROUS
RADIUS
RIB
SCAPULA
SHAPE
SHOULDER
SKULL
SPINE
STERNUM
STRONG
SUPPORT
TENDONS
TIBIA
ULNA

Bone

C V S L E Z O O E G K L V S
V V P A P I A Q H U M A N U
X U I R A T N E M E V O M I
K Y N E H F A T D H D V C D
X D E N S I T Y E N G F S A
W O K I T B O Y E R J N H R
G B O M E U M T U L N A O Q
E M R R R L Y U A C H A U L
L J B A N A F Z I D O O L B
L O A P U E T S A C S A D N
U I R W M S C A P U L A E E
K N K U U D K E P L A A R C
S T R O N G L P E H M P C K
K I R A R V O T I B I A U L
B O H S I R A P X K N E E S
P O D C T P T F E M A R F P

Solution on Page 329

ADVICE
BEDTIME
BIRTH
BLANKET
BOY
BUNDLE
BURP
CHILD
COO
CRY
CUTE
DADDY
DAY CARE
DIAPERS
FATHER
FEED
FUN
GIGGLE
GIRL
GRIN
HAPPY
HOME
HUNGRY
INFANT
JOY
LAMAZE
LITTLE
MAMA
MOMMY
MOTHER
NURSE
POWDER
RATTLE
SAFETY
SLEEP
STINKY
STORY
TOYS
TWINS
WET

Baby Words

X D F U Z B O D O V J I K V
M C H G B S E O B C H I L D
O K I F S E T U C Y O A S A
F R T D F T N O M D M Y S D
L E M I T D E B R A E M Y D
K D O F L D C K Z Y M O O Y
U W T E W B I E N C J A T M
P O H I E U V A S A F E T Y
J P E S F R D H P R L E W O
R S R Y P P A H S E W B I B
G U E E X F A T H E R V N K
N B E L N L I T T L E S S U
Z L I O T N F Y R G N U H Z
S I H R K T A U B G Q C O H
A U J Y T N A F N I R G N E
F A F X H H Y R C G Y S H H

Solution on Page 330

ADVISORS
AMEX
ASSET
AVERAGES
BANKING
BROKER
CALL
CASH
CLOSE
COMPOUND
CRASH
DEBT
EARNINGS
ECONOMY
EQUITY
EXERCISE
FLOOR
FUTURES
HEDGING
INVESTOR
IRA
ISSUE
LOAD
MARGIN
MARKETS
MATURE
MONEY
NASDAQ
NYSE
OPTIONS
PLUMMET
PROXY
PUT
QUOTES
RALLY
TAXES
TICKER
TRADERS
VALUE
VOLUME

Investment Jargon

V A L U E I B R O K E R Z S
I E F D A O L P V C E Q D E
Y T I U Q E T O D A R U R X
D I X S T I L N V S U O U A
E C P E O U U E T H T T H T
B K G N M O R E C S A E F I
T E S E P A K E E O M S T R
R R R M G R I V S Y N R E A
A N O E A R N I N G S O M L
D C S M Z I Y H Y N H O M L
E S I C R E X E S I E L U Y
R A V L R C O D E K A F L L
S P D O M A R G I N S K P H
C R A S H L P I N A S D A Q
M O N E Y L G N Z B E X X R
W R I S S U E G Z R T U P I

Solution on Page 330

ANTS
BASTING
BBQ
BEER
BLANKET
BRAZIER
BREAD
BUNS
CAKE
CATCH
CHEESE
CHICKEN
COKES
COLAS
COOLER
CORN
CUPS
DATE
EGGS
EMBERS
FAMILY
FIRE
FLAME
FOIL
FRUIT
GAMES
GRASS
GRILL
KIDS
MEAT
OLIVES
PARK
PEPPER
PIT
RADIO
ROAST
SALT
SAUCE
STEAKS
TONGS

A Perfect Picnic

C A E R I F K I D S C Q J N
B P M A E P Y M R H A B W X
C M S B L E T R E R T L A Y
X C S S P P B E L K C E O R
K K P S M P S I O F H C C C
I W G E A E Z Z O E O H J I
U G A M S R V A C G R I L L
E T F A S G G R S P U C L W
Y J U L K A E B A S E K O C
I C P F A M I L Y D T E K N
E I Y R E E B A S T I N G T
T D Y U T S R N E R P O A N
A M U I S N E K V S E A B N
D Q A T A U A E I A P B R P
Y X W C O B D T L L Q O M K
Y H Q R R S G N O T C A K E

Solution on Page 330

ARTISTS
BALLADS
BAND
BASS GUITAR
CHANTS
CHICAGO
CONCERT
COUNTRY
DRUMS
HARMONICA
HYMNS
INSTRUMENTS
JAZZ
LEAD BELLY
MAJOR SCALE
MELANCHOLY
MEMPHIS
MOOD
MUSIC GENRE
MUSICIANS
NEW ORLEANS
NOTES
PITCH
PLAY
RECORDS
ROCK
SADNESS
SAXOPHONE
SHOUTS
SINGERS
SINGING
SLOW
SPIRITUALS
TROMBONE
VOCALS
WORK SONGS

Sing the Blues

P S L A U T I R I P S L O W
M L I E Y H R E C O R D S Y
E A A N A R A E S N M Y H E
M C P Y G D T R C Z Z A J N
P O C I L I B N M N G D S O
H V S W T O N E U O O U N H
I N T K O C H G L O N C A P
S E N E C R H C M L C I I O
D W E S N O K I N Y Y O C X
A O M A J O R S C A L E I A
L R U D N A B U O A L I S S
L L R N D R U M S N G E U H
A E T E N S E T O N G O M O
B A S S G U I T A R Y S D U
V N N S H A R T I S T S P T
E S I N G E R S T N A H C S

Solution on Page 330

ACADEMIA
APPLE
ARITHMETIC
ASSIGNMENT
ATTENDANCE
BLACKBOARD
BOOK
BUS
CAMPUS
CLASS
COLLEGE
COURSE
CURRICULUM
DESK
EDUCATION
ENGLISH
EXAM
GPA
GYM
HOMEWORK
LESSON
LITERATURE
LOUNGE
MATH
PAPER
PENCIL
PRINCIPAL
PUPIL
QUIZ
READING
RECESS
RED PEN
SCHOLAR
STUDY
SUBJECT
TEACHER
TEST
TEXT
VARSITY
WRITING

School Time

T Y E X A M R M L I C N E P
E K F W I R E Y D U T S H R
A R X R M P A G S X R S V S
C O U I E A D L E U I G S U
H W M T D P I T O L P A B B
E E U I A E N C G H L M L J
R M L N C R G N A C C O A E
G O U G A L E S S O N S C C
P H C Q U I Z T S O D P K T
A C I T E M H T I R A M B E
V A R S I T Y T G L T A O G
P P R E C N A D N E T T A N
U P U T I C E G M C J H R U
P L C U U S S S E C E R D O
I E T D K P R I N C I P A L
L R E D P E N U T K O O B R

Solution on Page 331

ART
BLACK
BOOK
COLOR
COMPUTER
COPY
DESIGN
DIGITAL
DOT MATRIX
FAX
FONT
GUTENBERG
IMAGE
INK
LASER
LETTERS
LITHOGRAPHY
MEDIA
MIMEOGRAPH
NEWS
OFFSET
PAGES
PAMPHLET
PEN
PICTURES
PLATES
POSTER
PRESS
PROCESS
PRODUCTION
PUBLISH
ROLLER
SCREEN
STAMP
TECHNOLOGY
TEXT
TONER
TRANSFER
WOODBLOCK
WORDS

Printing

S C R E E N E F X W Z T K S
P R O D U C T I O N J C R F
U H L S S E R P B N O E P A
B P L R E T S O P L T J L X
L A E D A C O G B T E L A L
I R R M I K O D E W L K T I
S G T E Y G O L O N H C E T
H O R S N O I R O L P A S H
D E A E W O D T A R M L S O
T M N R B S T S A G A B S G
X I S U A N E K L L P U E R
E M F T X R E T U P M O C A
T E E C O P Y T E S F F O P
N D R I M A G E U S W K R H
E I E P K D E S I G N E P Y
P A G E S T A M P I M L N V

Solution on Page 331

AEROSPACE
AIRCRAFT
ALLOY
BICYCLE
BUILDING
CHEMICAL
COMPOUNDS
DENSE
DIOXIDE
DURABLE
ELEMENT
ENGINES
EXPENSIVE
HARD
ILMENITE
INDUSTRIAL
JEWELRY
LIGHT
MEDICAL
METAL
MINE
ORE
PAINT
PIPE
PLATE
PROPERTIES
RARE
RESISTANT
ROCKS
RODS
RUTILE
SOLID
STRENGTH
STRONG
STURDY
SUBMARINES
SURGICAL
TITANS
TOUGH
WATCH

Titanium

H G U O T J E W E L R Y E P
W D I L O S S N A T I T I Q
S E I C N D G Z M P A P K R
U X N E O I R E R L E A L L
B P D R N M T O P D I R I A
M E U E C A P S O R E A G C
A N S R L E R O C K S R H I
R S T U R D Y R U T T E T G
I I R T X I A E C N M S S R
N V I I A F L M E I D I T U
E E A L T C E M C A R S R S
S K L E Y D E A E P A T O H
F O N C I L L V W N H A N C
Y I I C E B U I L D I N G T
M B A F T S T R E N G T H A
E L B A R U D I O X I D E W

Solution on Page 331

ACCELERATOR
AIR FILTER
ANTENNA
ASHTRAY
BATTERY
BUCKET SEAT
CAMSHAFT
CHASSIS
CHOKE
CLUTCH
COMBUSTION
CRANKCASE
CYLINDER
DASHBOARD
DEFROSTER
EXHAUST
FENDER
FUSE
GAS GAUGE
HEADREST
HOOD
HORN
IGNITION
ODOMETER
OIL
RADIATOR
SEAT BELT
SPEEDOMETER
STEERING
TAILLIGHT
TANK
THROTTLE
TIRE
WINDSHIELD

Part of Your Car

A P J Z T A I L L I G H T F
E X H A U S T H R O T T L E
T I R E T E M O D O O H E N
W P N O I T S U B M O C B D
I K N A T H E A D R E S T E
N G A S G A U G E T R S A R
D B A T T E R Y A O N I E E
S P E E D O M E T E R S S T
H Y A R T H S A L G O S A S
I I G N I T I O N E H A C O
E H A R E D N I L Y C H K R
L C U K A I R E K O H C N F
D T C R R E T L I F R I A E
F U S E E D A S H B O A R D
B L Y T N T F A H S M A C W
H C S L I O A N N E T N A K

Solution on Page 331

ASH
BOILER
BRICK
BUILDING
BURNING
CAP
CLEAN
COMBUSTION
CONCRETE
COWL
CREOSOTE
DAMPER
DIRTY
DRAFT
FIRE
FLUE
FUMES
FUNNEL
FURNACE
HEAT
HIGH
HOT
LINER
LOGS
MANTLE
MORTAR
OUTSIDE
ROCK
ROOF
SANTA
SMOKE
SOOT
STACK
STONE
STRUCTURE
SWEEP
TALL
VENT
WARMTH
WOOD

Chimney

R C E E U L F E Q G Y B L E
V P O D O O W R R N R E A Q
R K I B E N F O Y I N L S W
K W M D U U E C C N F T G K
B T Q E R I W K U R R Y O L
O Q Y N T A L F Q U Q S L N
I N A F R O F D C B M O K N
L C O M B U S T I O N O C R
E O T A E H U O K N X T A S
R H A S T R M E E H G C T W
R G T R E P M A D R L S S E
L I N E R N D P N E C T E E
L H A N C T I R A T R O M P
A V S E N T R N S C L N U X
T D H E O U T S I D E E F D
W G V H C B Y Z Y V O Z J K

Solution on Page 332

ALARM
ALERT
BEACON
BOATS
CAPTAIN
CIRCULAR
CLIFF
CRASH
CREW
DANGER
DARKNESS
DISTANCE
FOG
GUIDE
HARBOR
HAZARD
HORIZON
KEEPER
LAMPS
LENS
MAINE
MIRRORS
NIGHT
OCEAN
ROCKS
ROTATE
SAFETY
SAILORS
SCANNING
SEASIDE
SHOALS
SIGNAL
SKY
STORMS
TALL
TOURISTS
TOWERS
WARNING
WATCHMAN
WAVES

Lighthouse

I W L V T W E R C R A S H L
A L A R M D W L J S E V A W
B L E T G W I Y T E F A S K
O L H S C F I S R O R R I M
A A O A F H I S T O R M S Y
T T E I R R M S E A S I D E
S D T L U B D A R K N E S S
E R A O R X O A N R O C K S
N A T R I E L R N O C A E B
I Z O S Y U G U I D E S E T
A A R S C A N N I N G L P O
M H O R I Z O N A D O A E W
G N I N R A W Z D D F O R E
O C A P T A I N N I G H T R
Y K S P M A L A N G I S O S
O C E A N L E N S E Y Y N H

Solution on Page 332

ACRYLIC
ART
BED
BITE
BODY
BREAK
BRITTLE
BROKEN
BUFF
CHIP
CLAW
CLEAN
CLIP
CUT
DERMIS
DIGIT
DIRTY
FAKE
FEET
FILE
FINGER
FOOT
FUNGUS
GROW
HAND
KERATIN
LONG
LUNULA
MAMMALS
PAINT
PLATE
POLISH
RIDGES
ROOT
TAP
THUMB
TIPS
TOE
TRIM
WHITE

Nails

A V O R Z M B B Q E L I F Y
P C U T M E S A T O O F A P
D C R H D L R E G N I F K Q
S H R Y A T P A I N T U E A
F I Z M L T X T C E A B T N
R P M J B I A F F X X E A C
J A I R R R C P L U N U L A
M T R T E B R O K E N A P C
C O T K A D T L Q Y W G O N
H E S I K R E I H T L G U T
J P P H T P T S G R H O R S
Z O J O E T I H W I Y A N E
K O O Z E I B L U D D W N G
B R L H F P N S C M O L J D
C M V F K S H S M R B L D I
O J W N M T W S G D G B Q R

Solution on Page 332

BAKED ALASKA
BANANA SPLIT
BOWL
CAKE
CARAMEL
CHERRIES
CHURN
COLD
CONES
CREAMY
CUP
DAIRY QUEEN
DISH
FAT
FLAVORS
FREEZER
FRUIT
FUDGE
GELATO
LICK
MILK
NEAPOLITAN
NUTS
PARLOR
PIE
SANDWICH
SCOOP
SHERBET
SMOOTH
SNACK
SORBET
SPOON
STRAWBERRY
SUMMER
SWEET
SYRUP
TREAT
TUB
VANILLA
VENDOR

Ice Cream, Please

P O O C S X B C E K A C T C
V A N I L L A Y P X O R E O
S B R W A R K R U T S E B L
U O O L A R E R R O A A R D
M B R M O T D E Y T N M E Q
M E E B F R A B S A D Y H S
E L Z L E T L W N L W B S P
R B E K I T A A A E I U S O
G S E N O C S R C G C T P O
R M R U U P K T K C H U R N
O F F P L G A S R O V A L F
D D A I R Y Q U E E N T G R
N A T I L O P A E N J E X U
E G D U F C H E R R I E S I
V M I L K H T O O M S W I T
G R B N U T S U K D I S H P

Solution on Page 332

AUTHORITY
BATTLE
BOSTON
BUNKER HILL
COLONISTS
CONCORD
CONSTITUTION
COURAGE
DECLARATION
DEMOCRACY
ENGLAND
FLAG
GOVERNANCE
INDEPENDENCE
JEFFERSON
JOHN ADAMS
KING GEORGE
LEXINGTON
LIBERTY
LOYALISTS
NATION
PATRIOTS
POLITICS
SOVEREIGNTY
STAMP ACT
TAXATION
TEA PARTY

Revolutionary

T C A P M A T S Y E I O S S
E G A R U O C C G T Y C T O
A S D E C L A R A T I O N S
P O M Q F R O X R T I O M C
A V M V C E A E I R I A O F
R E O O G T B L T T D N K Q
T R M G I I O A U A C Y C L
Y E N O L P P T N O T S O B
D I N V L L I H R E K N U B
K G A E H T O D N A L G N E
E N T R S J E F F E R S O N
L T I N D E P E N D E N C E
T Y O A U T H O R I T Y R F
T C N N L O Y A L I S T S L
A J A C O L O N I S T S Y A
B X L E X I N G T O N S B G

Solution on Page 333

ABILENE
BACON
BANK
BEANS
BEDROLL
BISCUIT
BOOTS
BRAWL
BRONCO
BUNK
CANYON
CATTLE
CORRAL
COWBOY
COYOTE
DEPUTY
DESERT
DRIVE
DUEL
DUSTY
FENCES
FORTS
GULCH
HERO
HIDE
HORSES
JAIL
JEANS
JERKY
LAND
LARIAT
LASSO
REINS
RIFLE
ROAM
RODEO
ROPE
SADDLE
SPURS
WATER

The Western Frontier

E U W L R E T A W O D E Z K
M V G A I A H I D E E L O E
Y R I R I S N A E B P F X T
L L O R D E B I S C U I T Y
W P A O D I R G E A T R O R
E L D C L H O B R N Y B S Z
S N A E J E N I T Y W Q S U
B U N K T R C L E O L I A J
K E O Y R O O T C N H G L H
S L C U K E Y S T R O F B C
H T A D D R I O S B R A W L
B T B O U F E N C E S O Y U
G A R O L J C J S T E T A G
A C N A O E L D D A S A T M
Z Y N K F T U S R U P S A J
G D U H P U S D D O M G D X

Solution on Page 333

ADAMS
ANDERSON
BAKER
BROWN
CAMPBELL
CARTER
CLARK
DAVIS
GARCIA
GREEN
HALL
HARRIS
HERNANDEZ
HILL
JACKSON
JOHNSON
JONES
KING
LEE
LOPEZ
MARTIN
MITCHELL
MOORE
NELSON
PARKER
PEREZ
ROBERTS
ROBINSON
RODRIGUEZ
SCOTT
SMITH
TAYLOR
THOMAS
TURNER
WALKER
WHITE
WILLIAMS
WILSON
WRIGHT
YOUNG

Common Family Names

L L A H H T I M S M G L S Q
T C N A S M A D A E A T E R
G H A R B R O W N Z R X O E
N N G R T U S C X E C B T K
O A O I T A J I B D I M J L
S P N S R E N O V N A O R A
K A M E L W R D S A H O O W
C Q M O E E L O E N D R L G
A A P O K R N L S R U E Y N
J E M R H G G O I E S W A U
Z C A P N T N G S H N O T O
K P X I B P U W I L S O N Y
B A K E R E N R U T V Q J Z
P E R E Z L L E H C T I M O
H G S M A I L L I W H I T E
T T O C S A A P K R A L C F

Solution on Page 333

ADDITION
ANALYSIS
BUDGET
CALC
CELL
CHART
COLUMN
DATA
DYNAMIC
ENTRY
EXPORT
FILE
FINANCE
FONT
FOOTERS
GRAPH
GRID
HEADERS
IMPORT
INSERT
LINES
LIST
LOTUS
MATH
MODEL
NUMBER
OFFICE
PAPER
RANGE
RECORDS
REPORT
ROW
SHEET
SUM
TABLE
TEXT
TOOL
TOTAL
VALUE
WORK

Spreadsheet

Q	D	L	I	S	T	E	X	T	R	S	I	D	F
T	I	A	D	D	I	T	I	O	N	E	S	R	T
E	R	Y	Y	Q	Y	S	W	R	C	N	U	J	P
B	G	E	Q	R	U	N	Y	N	F	I	L	E	F
T	M	U	S	T	T	P	A	L	T	L	V	C	K
L	J	S	O	N	N	N	T	M	A	A	E	E	H
A	K	L	E	S	I	U	E	O	I	N	B	L	H
L	H	B	H	F	W	F	M	T	T	C	A	L	Y
D	O	E	X	P	O	R	T	B	R	A	N	G	E
A	E	O	I	N	N	O	T	S	E	O	L	W	R
T	U	I	T	B	M	M	T	R	C	R	P	Z	E
A	L	H	F	N	U	O	M	E	O	L	N	M	C
P	A	P	E	R	L	D	V	D	R	P	A	E	I
E	V	A	C	P	O	E	G	A	D	S	E	C	F
Q	T	R	A	H	C	L	F	E	S	W	B	R	F
X	R	G	W	O	R	K	S	H	T	A	M	P	O

Solution on Page 333

ABSTRACT
AIRPORT
ATLAS
CAPITALS
CELESTIAL
CITY
COMPASS
COUNTY
DEGREES
DESIGN
DIRT
DISTANCE
DIVIDED
EAST
EQUATOR
GLOBES
GRID
HIGHWAY
HOSPITAL
KEY
LEGEND
MAPS
MILES
MOUNTAIN
NAUTICAL
PARK
PAVED
RAILROAD
RELIEF
RIVER
SCALE
SCHOOL
SHADED
SOUTH
STREET
SYMBOLS
TITLE
TOWN
TRAVEL
WEST

On the Map

T O W N Y E K R A P A V E D
P A T L A S C H O O L K H E
N G I S E D A O R L I A R D
K P T B X V T C A R T S B A
E Z O H O S P I T A L Y R H
Y L M O U N T A I N K T O S
G X T Z S S A P M O C N T D
R E L I E F L A C I T U A N
Z L D L T C H A W I Z O U E
L A E K D S N I T E T C Q G
E C G I T Y I A G I S Y E E
V S R R E V I R T H P T L L
A T E S L O B M Y S W A C U
R E E L F T R O P R I A C O
T Z S H I D E D I V I D Y I
D I R G O M H T U O S P A M

Solution on Page 334

BAKE
BLENDER
BREAD
BROIL
BURNER
CHILL
CHOP
CLEAVER
DICER
FAUCET
FLOUR
FOOD
FORK
FRUIT
FUNNEL
GRATER
GRILL
HEAT
JUICER
LADLE
LIGHTS
MALLET
MILK
OVEN
PANTRY
PEPPER
PLATES
SALT
SAUCE
SIFTER
SINK
SPICES
SPOONS
STIR
SUGAR
TASTE
TONGS
WARM
WHISK
YEAST

The Kitchen

Y Y R T N A P R K L Y Z B C
C N R E P P E P L R D D Y S
R H B W D C C P I P O F E L
C H A A I N L Y M L O F A R
J R E D K T E C U A F D S O
M R A N S E A L S T L H T X
B I I G F R V H B E N E V O
O S N Q U B E U U S L A J S
O O C L N S R T B L S T T P
T A H R N N U O A U T P A O
J U I C E R O M I R H O S O
A T L R L S L M E L G H T N
S T L A S N F T S P I C E S
M M T I U R F G R I L L D Q
A J W W H I S K C Z Z P T R
E C U A S B T Q Q Y Y H A O

Solution on Page 334

AXIS
BED
BIT
BLADE
BOWLS
CARVING
CHISEL
CHUCK
CNC
CRAFT
CREATE
CUT
DESIGN
DRILL
ELECTRIC
FACTORY
FORMING
HEADSTOCK
KNURLING
LEGS
MACHINE
METAL
MOTOR
MOUNT
OPERATOR
PARTS
PATTERN
POTTERY
REDUCING
ROTATE
ROUND
SHAPE
SPIN
TAILSTOCK
TOOL
TURN
VISE
WHEEL
WOOD
WORKSHOP

Lathes

M Z C T B Q V G S G E L V K
O E U I S L W O B H P N J H
U R T F A C T O R Y A T Y N
N T H A G N I M R O F P R R
T T A I L S T O C K K G E E
J E L E C T R I C N S E T T
T T B O I D D O J U V H T T
F A L P P U T E W R O A O A
A T A E C S W H S L X I P P
R O D R D A E T V I S E M Q
C R E A T E R F S N G A O N
H O E T L A L V Y G C N T R
U H S O P D S L I H G I O R
C D O R E D U C I N G P R Y
K T O B R O U N D R G S D C
C N C H I S E L P J D O O W

Solution on Page 334

ALMOND
BAKING
BURN
CALORIES
CANOLA
CHICKEN
COCONUT
CONSUME
COOK
CORN
DIET
EDIBLE
FAT
FIRE
FISH
FLAVOR
FOOD
FRY
GREASE
HEAT
HOT
KITCHEN
LIGHT
LIQUID
NUTRITION
OLIVE
PAN
PEANUT
PLANT
PRESS
RECIPE
REFINED
SALAD
SESAME
SMOKE
SOY
SPRAY
THICK
VIRGIN
YELLOW

Cooking Oil

D L F M E A J H F E B M B H
Y H S P R A Y D Y I A K R S
N P E E V I L O E L R E S I
A S T A P R H O V F C E O F
P L A N T G O F V I R G I N
Z T F U U C R V P P E C L A
E N S T O T K E A L M O N D
D E K O M S R I A L O N A C
I M K L Y B V I T S F S R O
B A K I N G C T T C E U E R
L S P G E F O U W I H M F N
E E Q H K H D N R M O E I P
H S J T C C A O B U R N N T
L I Q U I D L C W O L L E Y
C Z T Y H A A O M I J I D R
L T H I C K S C S L D Z W F

Solution on Page 334

ART
BLEACHED
BOX
BROWN
COATED
COLOR
CORRUGATED
CUT
FIBER
FOLD
GRADE
HEAVY
INDUSTRY
KRAFT
LAYERS
MAGAZINE
MATERIAL
MILL
PACKAGE
PAPER
PLY
PRESSED
PRINTING
PULP
RECYCLE
REUSE
RIGID
SHIPPING
SINGLE
STIFF
STRENGTH
STRONG
THICK
WEIGHT
WHITE
WOOD
WRITING

Cardboard

I Q B M P L L I M P U L P W
A O Y L E H L A I R E T A M
X R Y R E L G N I P P I H S
B I D E T A G U R R O C G S
N G N F Z S C N U G B Y U R
R I I I H S U H I K R A F T
F D N B R T C D E S O A X R
U E A E S Q G W N D W J D A
F T Y R P R I N T I N G E E
D A P A C K A G E T I H W T
L O R R E P A P E R O I G H
O C Y U E S X W R I T I N G
F Y V P C S U F F I T S O I
E U A Z L H S E C O L O R E
Z N E L C Y C E R U W G T W
H T H I C K W Y D O O W S P

Solution on Page 335

ANIMALS
AXE
BOOTS
CABIN
CANTEEN
CLOTHES
COOKING
COOLER
CRAFTS
DOME
GLOVES
GRILL
HAMMOCK
HATCHET
HIKING
INSECTS
LANTERN
LATRINE
LOGS
MATCHES
NATURE
PATH
POLES
PONCHO
RAFTING
RAIN
RETREAT
ROPE
SCOUTS
SHELTER
SKITS
SNOW
SOCKS
STAKES
STOVE
SUMMER
TENT
WEATHER
WINTER
WOODS

Go Camping

H S T U O C S T N E T B N W
T J E A H L A E N X S S I E
A S U K T A S I H A O N V Q
E L N D A N R S S C T O O F
R A O I P T H T K E T U H W
T M G J A E S S R S L A R P
E I A L L R I U T O M O M E
R N G T O N E E M M P W P S
B A E F S V H H O M M E E Z
O R F E O C E C T S E H G G
O Y C T T H K S O A T R N L
T T A A I N C Q Z O E I T O
S F H X Y N A N L L K W K G
Y C L L I R G C O I J I T S
W O O D S I N O H P E D N O
R S T F A R C A B I N F F G

Solution on Page 335

ANTIQUE
BABY
BEND
BOWL
BRASS
CONCAVE
COOK
CUTLERY
DINNER
EAT
FEED
FLATWARE
FOOD
FORK
HANDLE
KITCHEN
KNIFE
LIQUID
MEDICINE
METAL
MIX
NAPKIN
OVAL
PLATE
PORCELAIN
REFLECTION
ROUND
SERVE
SETS
SILVER
SLURP
SOUP
SPOON
STAINLESS
STIR
SUGAR
TABLE
WOOD

Spoons

J S R A S P D O O W U K M N
R B N L L Q K N T E R N I Y
Q Z S I L B B A U O V K X K
E A T Q A G B O F O P R E N
H G A U F L A T W A R E E Y
V A I I E M E R N L L H B S
T W N D E A E C O N C A V E
D P L D D V N D R T B E A T
P R E F L E C T I O N K K S
X U S I T E U K I C P E N D
H L S A M E T A L Q I K I P
F S L O V A L K S K U N F B
V P D I N N E R O O O E E I
R I T S S A R B U O I N K U
E N T N M I Y C P C D O O F
V L V Z N Y J S U G A R V D

Solution on Page 335

ATOMS
BLOCK
CEMENT
COLOR
CONCRETE
DENSE
DIAMOND
FILLED
FIRM
FORM
FREEZE
FROZEN
GLASS
GOLD
GRANITE
GROUND
HARD
ICE
IRON
LIQUID
MASS
MATERIAL
MATTER
METAL
MINERAL
OBJECT
OPAQUE
PACKED
PHASE
RIGID
ROCK
SCIENCE
STATE
STEEL
STONE
STURDY
TOUGH
VOLUME
WEIGHT
WOOD

Solid

W V W K K P H A S E N O T S
I N D N U O R G C S U D M P
V R N E R I G I D C A I H U
K C O R T O U G H I N L C J
C L M N F I R M G E U O G D
O P A Q U E N F R N N Q O V
L Q I I C U C A R C Y O I O
B F D G R O L Y R E W M I L
Q F I L L E D E T G T A A U
T R X O C R T S N N T T O M
D E R S U E S A E O E B A E
M E X T U A S Z M M J C W M
V Z S A M T O S E E S N E D
N E O T E R P A C K E D A R
I J Z E F N O T H G I E W A
N D L O G W V F E T E M T H

Solution on Page 335

ARAK
ASIA
COFFEE
CUISINE
CURRY
DATES
DIET
DISH
DIVERSE
EAT
FALAFEL
FIGS
FOOD
GARLIC
GREEK
HONEY
HUMMUS
INDIA
JORDAN
KEBAB
KIBBEH
KOFTA
LABNEH
LAMB
MINT
OLIVES
PARSLEY
PASTA
PERSIAN
PITA
RICE
SALAD
SAUCE
SESAME
SPICE
SUMAC
SWEET
SYRIAN
TABLE
TAHINI

Middle Eastern Cuisine

H S W T N L E F A L A F Y A
D K V J E M I N T D B E A I
O A F L H E B B I K L T N S
E R B C K T W V Z S A D S A
V A W O O Z E S R H I H P F
T A F F K R V A I A E U I O
F T Z F S C P N S J T M C O
A I P E R S I A N O Y M E D
D P H E N B A L L R L U I M
A A S G I F K I R D B S B J
F T L M R Q V U A A H Y N U
S E S A M E C G B N G R C M
E C U A S W E E Y P D I E T
L A M B P T K K S E T A D K
C V A Z A I S D P Y E N O H
R I C E T E X R E E C Z W K

Solution on Page 336

BATTERY
BOAT
CAR
CELL
CHARGE
CLEAN
COMMUTE
COST
DESIGN
DISTANCE
DRIVE
EFFICIENT
EMISSIONS
EXPENSIVE
FUEL
FUTURE
GREEN
HYBRID
MOTOR
NEW
NISSAN
OUTLET
PLUG
POLLUTION
POWER
PRIUS
QUIET
RANGE
SCOOTER
SMALL
SOLAR
SPEED
TAXES
TESLA
TORQUE
TOYOTA
TRAIN
TRUCK
VAN
VOLT

Electric Vehicles

R J A A T M P F E R B E G B
A X S C O O T E R A E N R U
N N Z N K C U R T C V L E F
G M O T O R E T D R I V E U
E F F I C I E N T T S G N E
C B O A T R S O E E N A V L
N E X G Y U R S X R E W O P
A R I O L Q L A I L P E U N
T H R D U A T L C M X N J S
S E C E T U M M O C E N M D
I C N S G T L O V P B A Q T
D G Q I E R U T U F L S R P
C U U G A T A C E L L S R O
O L I N L R Q H Y B R I D A
S P E E D H T S C W U N G N
T A T O Y O T M Q S O L A R

Solution on Page 336

AIR
APPLIANCE
AUTOMOBILE
BLOW
BUILDING
BUTTONS
CAR
CENTRAL
CLIMATE
COILS
COLD
COMFORT
CONDENSER
CONTROL
COOL
DRY
DUCT
EFFICIENT
ENERGY
EXPENSIVE
FAN
FILTER
FREON
HEAT
HOT
HUMIDITY
HVAC
INDOOR
LUXURY
MACHINE
PORTABLE
POWER
PUMP
RELIEF
ROOM
SUMMER
SWITCH
SYSTEM
UNIT
VENT

Air Conditioning

H I B H F R E O N F D C V D
C P O C E N T R A L A L W T
T T M M G G N A I R E W O P
I C M U C N E T R O F M O C
W U A P P L I A N C E R H O
S D U R N M C D M R T U B O
M K T E M A I V L A M U L L
O C O T X O F G B I T N O U
O F M L M P F L D T U Q W X
R E O I A X E I O M H B C U
F I B F C D T N I N D O O R
K L I V H Y S Y S T E M N Y
Y E L H I V V C L I M A T E
R R E S N E D N O C V D R Y
C A V H E N E R G Y C E O C
T I N U Y T R Z A C O I L S

Solution on Page 336

AERIAL
BULLWHEEL
CABLE
CAPACITY
CARRY
CHAIR
ELECTRIC
ELEVATED
GEARBOX
HELP
HIGH
HILL
LIFT
LODGE
LOOP
MOTOR
MOUNTAIN
MOVEMENT
OPERATOR
PASSENGER
RAIL
RESORT
RIDE
ROPE
SAFETY BAR
SEAT
SIT
SKI
SLOW
SNOW
SPEED
STEEL
TERMINAL
TICKET
TOURIST
TOWER
TRANSPORT
VIEW
WINTER
WIRE

Chairlift

T E R M I N A L I F T B R J
H I L L L R A V I E W O N S
M O V E M E N T R N P M H T
Y B E L V C L I I E A O T E
U T U W E A A A O Q S T S K
S C E L E C T R I C I O I C
V H B H L N M E R R L R R I
E A G B U W H N D Y E E U T
C I J O I R H X J W G A O I
H R M N D L O E O N P S T K
S R T R A B Y T E F A S H S
G E G D O L X S A L O O P L
R R T R O P S N A R T E L O
A I C A P A C I T Y E M E W
I W D F P D T Y J D S P H B
L T A E S I T G E A R B O X

Solution on Page 336

ADDRESS
APARTMENT
BOX
BUSINESS
CARDS
CHUTE
COLLECT
CURBSIDE
DELIVER
DOOR
ENVELOPE
FLAG
FULL
HOME
HORIZONTAL
HOUSE
KEY
LETTER
MAGAZINES
MAIL
METAL
MOUNTED
OFFICE
OUTGOING
OUTSIDE
PACKAGE
PARCEL
POST
RECEIVE
RESIDENCE
RURAL
SAFE
SECURE
SEND
SLOT
STAMP
STEEL
STREET
USPS
VERTICAL

Mailbox

L M L E C R A P M A T S E S
A P E A E O D V V X G T Y X
T A T E P O L E V N E E C O
E C T M O A R O I L K E L N
M K E R O T R O A E B L D X
O A R L I U G T F R U P E O
H G G C L T N A M F S V L B
W E A A U O S T C E I X I F
S L R O Z E C S E E N C V M
F D U I L I A M C D E T E Y
W L R J E C N E D I S E R Q
C O A A D D R E S S S P S U
H H L G C E D I S B R U C T
X O U T S I D E R U C E S T
H D S T R E E T I U O O R Q
J N D N E S L O T K P H M R

Solution on Page 337

ASCOT
BLOUSE
BLUE
BUSINESS
CASUAL
CLERIC
CLOTH
COAT
DRESS
EDWARDIAN
ELIZABETHAN
FABRIC
FLAT
FOLDED
GARMENT
HIGH
IRON
JACKET
LACE
LAPEL
LINEN
MAO
NECK
NOTCHED
OPEN
PIN
PRESSED
PRIEST
ROUND
SHIRT
STRAIGHT
STUDS
STYLE
SUIT
SWEATER
TIE
TUXEDO
WHITE
WIDE
WING

Collars

T L B U S I N E S S F F L D
T S E I R P A C J E T H N W
U S I L W H I T E X G Y I A
X E T E I R D C A N I D L N
E R Y P B Z R E I L E X T E
D D L A C E A W H R F N I P
O Y F L E I W B K C E N I O
F N P R D R D B E M T L L L
C O C E E H E G R T A O C C
Z R L A S T R A I G H T N T
I I O D S U G E D I B A S E
U A T T E C O H T N L T N K
M P H N R D O L L A U S A C
X W B P P I M T B D E O R A
B B Z H I G H R S L W W R J
R N G D N Y V S U I T R S I

Solution on Page 337

BALE
BARN
BASKET
BED
BUILDING
BUNDLE
CATTLE
CEREAL
COB
CRAFTS
DRY
FARM
FEED
FIELD
FOOD
FUEL
HAT
HOLLOW
HORSE
HUT
INSULATE
LIVESTOCK
OATS
PACKAGING
PACKING
PAPER
PLANT
RANCH
ROOF
ROPE
SIP
STALK
STEM
STUFFING
WHEAT

Straw

J F R W L P W K E P O R K W
F F M A T E K S A B L S F L
B O F P N G I N S U L A T E
E O O P A C K A G I N G N L
E D C R V P H A V L B G U T
S D E B W L E E J D N B H T
R W C E S N S R Z I W A D A
O C R A F T S E K N H L R C
H O L L O W U C I G E E Y N
W Y S C I W A F S I A U G F
Q Y K H J P H T F T T F B E
F N M L L K E P U I A U V W
X R Z Y A M H B A R N O W Z
D C M K W T U H M D T G R L
E T W Q P I S K L A E R E C
Q M K E A M N E H O G O D N

Solution on Page 337

ACRYLIC
BEAUTY
BLACK
BOTTLE
BRIGHT
BRUSH
CHIPPED
CLEAR
COAT
COLOR
DECORATE
DRY
ENAMEL
ETHYL ACETATE
FILE
GEL
GIRLS
GLITTER
GLOSS
LACQUER
LIQUID
MAKEUP
NAILS
PAINT
PIGMENTS
PINK
PROTECT
RED
SALON
SHINE
SMELL
SPA
STRONG
STYLE
TEENS
TOE
VARNISH
WHITE
WOMEN

Nail Polish

K I D G L T U L D U R Q T N
X W P E O T L A C Q U E R E
S W S T R O N G V Z T T A M
H Q L C I L Y R C A E A E O
I G S E H S I N R A V T L W
N L L T R O L O C Y O E C H
E P Y O N K C A L B O C O I
N L F R S E G P U E K A M T
A L I P D S M L B D C L I E
M Y S F P G Y G I H O Y O E
E L T T O B A U I T A H X N
L N Y U I N Q P H P T T C S
Z O L P A I P G S S N E M L
W L E I L E I A G I U E R E
S A L N D R B O A S L R I G
X S U K B R X P W L Y X B X

Solution on Page 337

ALE
AMBER
ANHEUSER
BAR
BEVERAGE
BOTTLE
BRANDS
BREW
BUD
CAN
COLD
COORS
CRAFT
DARK
DOMESTIC
DRAFT
DRINK
FLAVOR
FOAM
GRAIN
HEAD
HOPS
IMPORTED
INDUSTRY
KEG
LAGER
LIGHT
MILLER
MUG
PABST
PARTY
PILSNER
PINT
PRODUCTION
PUB
REFRESHING
SCHLITZ
STOUT
TAP
YEAST

Have a Beer

V M P A T O D A E H X S Y R
O X D O E S M R R K D T M A
N V L B K B B E R K R O A A
O V U A E R G A N A C U O N
D D E R E A D I P Q I T F T
T G X L L N R I D M M X L S
G N L Y B D L O P U B L A A
U I I K A S R O O C D I V E
M H D P N D R A F T O G O Y
L S J E H T F A R C M H R E
U E R B E V E R A G E T L G
P R O D U C T I O N S T R D
E F A K S T J O A U T A L E
B E U W E R B C D O I O Y T
B R A Y R G S N B N C C W V
N G B S Z T I L H C S P O H

Solution on Page 338

ARMY
AUTHORITY
AUTOCRACY
BUILDING
CITY
CONGRESS
CORRUPTION
COUNTRIES
DEBATE
DEMOCRATIC
DEPARTMENT
ECONOMY
ELECTIONS
IRS
LAWS
LEADERSHIP
LOBBYISTS
LOCAL
MAYOR
MUNICIPAL
OFFICIALS
OPPOSITION
PARLIAMENT
PEOPLE
POWER
PRESIDENT
PROTECTION
RULES
SENATORS
STATES
TAXES
THEOCRACY
VETO
VOTE

The Government

B C S E N A T O R S E L U R
U O V L O C A L S E T A T S
I U E E D V I E H L O W R N
L N T C O E R T O E F S E O
D T O T O G M B Y A F D W I
I R E I N N B O U D I E O T
N I C O T Y O T C E C P P P
G E C N I I H M M R I A A U
D S F S X O S U Y S A R R R
E V T R R P N O E H L T L R
B S I I E I F X P I S M I O
A U T O C R A C Y P I E A C
T Y P I O T Y M R A O N M T
E L P Y C A R C O E H T E C
E A A P R O T E C T I O N J
L M J K P R E S I D E N T Z

Solution on Page 338

ACCURACY
ALIGN
ANCIENT
ANGLE
ANTIQUE
AXIS
CIRCLE
CLOCK
DAY
DESIGN
DEVICE
DIAL
EARTH
EGYPTIAN
FACE
GARDEN
GNOMON
GREEK
HOUR
LATITUDE
LINES
METAL
MORNING
MOTTO
NOON
NORTH
NUMBERS
OBELISK
OLD
ORNAMENT
READING
ROMAN
ROUND
SCIENCE
SHADOW
STONE
STYLE
SUN
TIME
WATCH

Sundial

J T W R Y B D J W A F N A T
L T P L A H T R A E O A Q I
A S H A D O W K C O L C C M
I L O T T O M I N S T Y L E
D A E I N B V S R E B M U N
N O R T H E L C R I C Q K O
U C G U D L M Q N G I S E D
O L X D L I S A E T D S G W
R S G E G S O T N E I C N A
A U N N G K E A O R W I I T
N X O A O Y T N L N O E D C
G G I H M M P S I A E N A H
L R I S D O O T U L T C E O
E E G L M O R N I N G E R F
W E O G A C C U R A C Y M W
L K A B J G A R D E N M P D

Solution on Page 338

BAKING
BLEND
BOTTLE
CAT
CEREAL
CHEESE
CHURN
COW
CREAMER
CUSTARD
DAIRY
DESSERT
DRINK
FAT
FOOD
FRESH
GRADES
HALF
HEAVY
ICE
INGREDIENT
LIGHT
LIQUID
LOTION
MILK
PIE
PURE
RISES
SAUCE
SHAVING
SKIM
SMOOTH
SOFT
SOUP
SWEET
TEA
TOP
WHEY
WHIP
YOGURT

Cream

Q W C D F Z K B I Z J Z G L
Y V H F S L Y K S S M I L K
R D D P A A A O C Y S N K U
D A Y I W T U H S V Q G M L
E I P O H P U C W A Q R A S
T R U G G R C H E E S E E N
N Y I Q N U I C E H R D D C
P L N H I I R Z T E A I R G
U P A F K L V T C R R E I E
R D S V A O F A G O A N N L
E I H M B T O C H M W T K T
V Y S L O I O D E S S E R T
M P E E M O D R A T S U C O
W N R H S N T J Z K O M A B
D X F M W U W H I P F E D D
X I F B S Z M M L G T O P K

Solution on Page 338

ALCOHOL
ALTERNATIVE
BIOMASS
CLEAN
CLIMATE
CONSERVATION
CORN
DAM
ECOLOGY
EFFICIENT
ELECTRIC
EMISSIONS
ENERGY
ENVIRONMENT
ETHANOL
FUEL
FUTURE
GLOBAL
GREEN
GRID
HEAT
HYDROGEN
INCENTIVE
INNOVATION
LIGHTING
NATURAL
POWER
RENEW
RESOURCE
SOLAR
SUN
TECHNOLOGY
THERMAL
TIDES
TURBINE
WATER
WIND
WOOD

Renewable Energy

Y G R E N E G O R D Y H D V
G F C L I M A T E Y O C N J
O U L E A I D I R G L O I T
L E E C L S L B B O I R W H
O L A T T S R I N L G N E E
C O N R E I E O E O H O C R
E N V I R O N M E N T I R M
V A U C N N E A R H I T U A
I H K S A S W S G C N A O L
T T R E T A W S D E G V S C
N E F F I C I E N T H O E O
E J P V V G L O B A L N R H
C O N S E R V A T I O N U O
N A T U R A L O S E D I T L
I K Z L E N I B R U T V U E
R E W O P T A E H D A M F N

Solution on Page 339

AMUSEMENT PARK
AUGUST
BARBEQUE
BASEBALL
BEACH PARTY
BIKING
BOATING
HIKING
ICE CREAM
JULY
JUNE
LEISURE
LEMONADE
OCEAN
PERSPIRATION
PICNIC
PLAYGROUND
POOL
POPSICLE
RELAX
ROCK CLIMBING
SLIDES
SNORKELING
SOCCER
SOFTBALL
SPRINKLERS
SUNGLASSES
TAN
TENNIS
TETHERBALL
TRIPS
VACATION
VOLLEYBALL

Summer Fun

P O L L A B E S A B S O S O
S O C C E R U S I E L P C L
C I N C I P Q G X A L E R L
A M U S E M E N T P A R K A
G N I T A O B I S N N S T B
S E D I L S R B I G O P E Y
U P E S W X A M N K I I T E
N Z L M R U B I N C T R H L
G B C A G E L L E G A A E L
L T I U Y E L C T P C T R O
A S S K K G R K H V A I B V
S T P R I E R C N I V O A Y
S A O I A N A O J I K N L L
E N P M R E G R U U R I L U
S L L A B T F O S N N P N J
D P O O L E M O N A D E S G

Solution on Page 339

AIR
ANTENNA
ASSEMBLE
AVIATION
BATTERY
BUILD
CHANNELS
CONTROL
CRASH
DRONE
ELECTRIC
ENGINE
FAST
FIELD
FLY
FUN
GAS
GLIDER
HIGH
HOBBY
JOYSTICK
KIT
LANDING
MILITARY
MODEL
OUTSIDE
PARK
PLANE
RADIO
REMOTE
REPLICA
RUDDER
SCALE
SERVOS
SKY
SMALL
SPEED
TAKEOFF
TOY
WIND

Radio-Controlled Aircraft

P O U Y R E D D U R Z Z I Y
S A U O Y M C R E D I L G T
E R N T K I L P A R K B X F
R T A N S L L A B C A U F Y
V M O P E I C O N T R O L B
O D E M C T D S T D E A J B
S E N A E A N E I K I E S O
D G I N X R R A A R P N H H
A I G J O Y S T I C K O G G
P S N Y O I D A R G I R I X
M L E L E C T R I C T D H Z
Y O A Y F C H A N N E L S N
C M D N I W D L I U B F M U
T N W E E L A C S V A Z A F
V Q B E L B M E S S A G L X
M Q W F D I X A T N V Y L L

Solution on Page 339

ANIMALS
ANTIQUE
BENCH
CARNIVAL
CHILDREN
CIRCLE
DIZZY
FAIR
FAMILIES
FUN
GALLOPING
HORSE
KIDS
LIGHTS
LIONS
MARY POPPINS
MERRY
MIRRORS
MOVEMENT
MUSIC
OLD
ORGAN
PAINTED
PARK
PLATFORM
RIDE
RING
ROTATE
ROUND
SEAT
SPIN
TICKET
TIGERS
UNICORN
WOODEN
ZEBRAS

Carousel

R P O O A B E X T Z D A O L
G T I C K E T C S Y E C M Y
W A N I M A L S R O R R I M
O P B E N C H G E L C R I C
O S R R M N A A G A T S E H
D E P S H E Z L I V N P E M
E A J P T N V L T I E A W F
N T P L L H I O P N R I U A
K H A A V I G P M R D N N I
B O R T G D O I S A L T I R
O R K F O P Y N L C I E C K
P S G O Y R Z G S Q H D O I
Z E B R A S Z N U F C R R D
K F A M I L I E S Z G I N S
F M U S I C D L O A C N V U
T Y E D I R O U N D S G S Z

Solution on Page 339

AMAZON
APPLE
AUTHOR
BATTERY
BOOK
CHAPTER
CHEAP
COLOR
COMPUTER
DATA
DEVICE
DIGITAL
DISPLAY
DOWNLOAD
EPUB
FICTION
FORMAT
FREE
HARDWARE
IMAGES
INTERNET
IPAD
KINDLE
LIBRARY
MEMORY
MOBILE
NOOK
NOVEL
ONLINE
PAGES
PDF
PUBLISH
READ
SCHOOL
SCREEN
SEARCH
SELL
SONY
TABLET
TEXT

E-Books

C D O L S L O O H C S A S F
L C P U B L I S H F Y T R H
I D O W N L O A D E R E F D
B X X M B I P P L C E X H A
R X D O P T I B E I T T N E
A I O I E U L U V V T T O R
R K N R G S T P O E A E O L
Y A L P S I D E N D B L K L
C U I F O O T R R X O B N E
M T N I N S E A H C R A E S
O H E C Y T T W L I D T E Y
B O B T N A T D K M P O R C
I R L I D F O R M A T O C H
L J N O Z A M A L G M D S E
E L D N I K P H D E L P P A
O W G M D G K I M S E G A P

Solution on Page 340

BARREL
BLACK
BLOTTER
CAP
CLASSIC
COLOR
CREATE
CURSIVE
DOCUMENT
DRAW
ELEGANT
FANCY
FILL
FLOW
FORMAL
GIFT
GOLD
GRAVITY
HAND
INK
LEAKAGE
LUXURY
MESSY
METAL
NIB
OFFICE
ORNATE
PARKER
PEN
QUALITY
QUILL
SCHOOL
SCRIPT
SHEAFFER
SIGN
STEEL
TIP
TOOL
WELL
WRITE

Fountain Pens

H N B U H U Z J D L S K A W
H W R Y V Z Y U E T U D N R
A L E C S T R E T T O L B I
N U K L I S T B K C A L B T
D X R V L S E C U R S I V E
L U A S Z Y S M B I N D F U
O R P C S H E A F F E R A T
G Y X H P N R E L E G A N T
L L M O T R C O E C P W C P
C L A O E I O R A T Q H Y I
H O I L F T P T K U A M N R
D I R F F O R M A L W E M C
C Z O N I Y W L G I F T R S
W H G P A P I O E R O L O C
J I Q L A T E M L L I U Q G
S K G X Y C E N H F Q E P L

Solution on Page 340

AQUA
ARID
CANAL
CHANNELS
CORN
CROP
DAM
DITCH
DRY
EMITTERS
FARM
FIELD
FLOW
FLUSHING
FOOD
GARDEN
GREEN
GROW
HARVEST
HOSE
LAND
LAWN
PIPE
PRODUCE
PUMP
RAIN
RICE
RIVER
RUNOFF
SCIENCE
SOIL
SPRAY
SUPPLY
SURFACE
SYSTEM
TRENCH
TROUGH
VALVES
WATER
YARD

Irrigation

N F Y F L H A Y M I F P D I
C R O P A O P P F A R M S K
D S O S W S E V L A V U L Z
V L H C N E R T U T D P W E
Y E M I T T E R S N R F T H
V N Y E F X R E H E A I C J
U N E N W I V C I D Y E Q H
R A Y C V R L U N R C L A G
E H A E A E I D G A G D R A
C C R H D C O O F G F O I L
I O P V P O S R F L W N D Q
R N S A F I U P O A F E I C
A E K U K S P W N N A E T B
I K T Q B P P E U D V R C E
N C C A N A L T R O U G H X
J S O O W S Y S T E M A D B

Solution on Page 340

AMBASSADOR
AMERICA
AUTHOR
AUTOBIOGRAPHY
BALD
CONSTITUTION
CREATIVE
CURRENCY
DELEGATE
EDITOR
ELECTRICITY
EXPERIMENT
FATHER
FOUNDING
GLASSES
GREAT
INDEPENDENCE
KITE
NEWSPAPER
PATRIOT
PENNSYLVANIA
PENNY SAVED
PHILADELPHIA
POOR RICHARD
PRESIDENT
PRINTER
SCIENTIST
STOVE
USA
WASHINGTON
WIT

Ben Franklin

D E L E G A T E R O H T U A
F A T H E R C R E A T I V E
D N E L E C T R I C I T Y X
Y H P A R G O I B O T U A P
P R D E V A S Y N N E P N E
R E G Y A M B A S S A D O R
E P N C S C I E N T I S T I
S A I N E A M E R I C A G M
I P D E S P R I N T E R N E
D S N R S Y O O A U B N I N
E W U R A T L R T T A K H T
N E O U L S O V A I L I S A
T N F C G X U V A O D T A E
I N D E P E N D E N C E W R
W A I H P L E D A L I H P G
O W H P O O R R I C H A R D

Solution on Page 340

AISLE
BEST MAN
BOUQUET
CANDLES
CHAPEL
CHURCH
COUPLE
DANCING
DINNER
DRESSES
EVENT
FAMILY
FATHER
FOOD
FORMAL
FRIENDS
GARTER
GIFTS
GOWN
GUESTS
HUSBAND
KISS
LAW
LOVE
MOTHER
MUSIC
PRIEST
RICE
RINGS
RITUALS
SHOWER
SPEECH
TOAST
TUXEDO
UNION
VEIL
VIDEO
VOWS
WHITE
WIFE

Wedding Day

N W O G I F T S H C E E P S
V F I A M W W U L W H I T E
E V C F L U S T S A O T F Q
I V V H E B S S I K U W A L
L F E D A N C I N G J T M H
N O I N U P A T C S R E I P
I O D M T C E M N E L U L R
R D Z S H L E L T S O Q Y I
E F X U P L K R R S V U O E
W V R U S T A G E E E O P S
O C O I R G U L F R N B U T
H C A I E E D X A D I N L S
S M C S S N H Q E M S N I U
R E H T A F D T Q D R M G D
K A S C I I A S O W O O G S
S W O V I D E O P M O Y F K

Solution on Page 341

ALARM
APRIL
ATOMIC
AUGUST
BEAT
BIG BEN
CENTURY
CUCKOO
DAY
DECADE
DECEMBER
DIGITAL
ELECTRIC
FALL
FEBRUARY
FORTNIGHT
HANDS
HOURS
JANUARY
JULY
JUNE
MAY
MINUTES
MOMENT
MONTH
NOVEMBER
OCTOBER
PENDULUM
QUARTZ
SEASON
SECONDS
STRIKE
SUMMER
SUNDIAL
TIMER
TOWER
WALL
WATER
WEEK
WINTER

Plenty of Time

P S R V Q U A R T Z E Y I H
N D E C A D E F Z K L N J O
G N W S O B A S I U E A O U
A A O E O L E R J B N U O R
L H T T L C T C G U F G K S
A A C U O S W I A O E U C U
R O T N A U B R R X B S U M
M O D I S N Y T E T R T C M
O S C M G D N C B N U I E E
N E I O Y I T E M E A M N R
T A M T G A D L E M R E T E
H S O H E L M E C O Y R U T
L O T B I N O V E M B E R N
L N A R M U L U D N E P Y I
A A P S N F K E E W U N A W
W A T E R U J V A F D J D X

Solution on Page 341

ACRES
APPRAISAL
ASSETS
BOAT
BUY
CAR
CONTROL
DEED
FARM
FENCE
HOME
HOUSE
LAW
LEASE
LEGAL
LIBERTY
LIEN
LOT
MINE
MONOPOLY
MORTGAGE
MOVABLE
OWN
PERSONAL
POSSESS
PRIVATE
PUBLIC
PURCHASE
REAL
RENT
RIGHT
SELL
TAX
THINGS
TITLE
TRACT
TRUST
VALUE
WEALTH
WILL

Property

H I F L T A W S Z W D N H X
N B D P S R S E B E W D W T
Z V E S H E A E A O D I A Y
X Q E E S O U C E L A X L I
T T D S R L M N T L T T T L
S M O V A B L E V Q T H I A
Z P C V C H G F N P T I X S
T Y Z R A L C M E R L N T I
E T A C D M O R T G A G E A
O R R Y R N S R U R E S T R
G E U A O O L B T P R H A P
S B F P N L B T U N G H V P
L I O A A E E B R I O J I A
J L L G L N L A R U F C R A
Y N E I L I O B S M S V P A
T L J S C M T E S E W T A D

Solution on Page 341

APPLE
BALLS
BRACELET
CANDY CANE
COAL
COFFEE
COLOGNE
COSMETICS
CRAYONS
DOLL
DVD
FRUIT
GAG GIFT
GAMES
GIFT CARDS
GUM
IPOD
LIPSTICK
LOTION
MONEY
NAIL POLISH
NECKLACE
NUTS
ORANGES
PENCILS
PERFUME
PUZZLE
SHAMPOO
SNOW GLOBE
SOAP
STICKERS
TEA
TOOTHBRUSH
TOYS
UNDERWEAR
WATCH

Little Gifts

E J M L I P S T I C K X X P
M O N E Y L S H A M P O O K
U U X V I E E N G O L O C W
F N G C M D D L A O C Z O A
R D N A S Y O T T S F T F T
E E G M C T E L N C F A F C
P R N A I L P O L I S H E H
S W N O E U W W G T D S E C
L E N C Z G P G T E R U U W
L A A Z L A A I I M A R C Q
A R L O O G S H U S C B R P
B E B S E G N A R O T H A A
N E C K L A C E F C F T Y S
N U D O P I E A F M I O O S
M V T E P D Q T E F G O N L
D O S S A S R E K C I T S T

Solution on Page 341

ACTION
ARCADE
ATARI
BUTTON
CARTRIDGE
CHEATS
COMPUTER
CONSOLE
CONTROLS
DEVICE
DISC
FUN
GAME
GRAPHICS
HANDHELD
JOYSTICK
JUMP
KEYBOARD
LEVEL
MMORPG
MOUSE
MUSIC
NINTENDO
ONLINE
PLAY
PONG
RACING
RATINGS
REMOTE
SCREEN
SHOOTER
SONY
SOUND
SPORTS
STRATEGY
SYSTEM
TETRIS
VIOLENCE
WII
XBOX

Electronic Games

G N O P V F H X O B X F S L
O N P D D I U Y C A T A R I
W I I E N I L N O I T C A D
U S M C N I N T E N D O T E
C A R C A D E C N E L O I V
G D S P O R T S J A E R N I
U R O M Y M N O R M H E G C
V A U U G U Y W M E D T S E
Y O N J E S L O R T N O C T
A B D S T I S S E S A O Y O
L Y U I A C I T T Y H H N M
P E C T R R M O U S E S O E
A K V E T G R A P H I C S R
D Z E E S O K M M O R P G R
J N T O L A N C O N S O L E
E G D I R T R A C H E A T S

Solution on Page 342

AIR
ANIMAL
BEHAVIOR
BIOME
BIRDS
BOTANY
CARBON
CLIMATE
COMMUNITY
DIVERSITY
EARTH
ECOLOGIST
ECOSPHERE
ECOSYSTEM
ENERGY
EVOLUTION
FOOD WEB
FORESTRY
GENETICS
GLOBAL
HABITAT
HUMAN
LIFE
LIVING
MIGRATION
NATURE
NICHE
OCEAN
ORGANISM
PLANT
RECYCLE
RELATIONS
SCIENCE
SOCIAL
SOIL
SPECIES
STUDY
TREES
WEATHER

Ecology

L M B U I T N A L P J M F T
I S D R I B L I F E I F O R
O I B S L A B O L G S O R E
S N O I T A L E R N C O E E
E A B N O B R A C I I D S S
I G E D O M T R M V T W T E
C R C C I I E T A I E E R H
E O O Y O V T H K L N B Y C
P E S N I L E U U S E A R I
S N P A Q B O R L M G I E N
R E H T A E W G S O A R T A
Y R E O C E A N I I V N A T
D G R B E C O S Y S T E M U
U Y E C O M M U N I T Y I R
T A T I B A H R E C Y C L E
S S L A I C O S C I E N C E

Solution on Page 342

AUTOMATIC
BLACK
BOOKS
COLOR
COMPUTER
COPY
DIGITAL
DOCUMENT
DRUM
DUPLEX
EDUCATION
ELECTRIC
EXPOSURE
FAX
GLASS
GOVERNMENT
HEAT
IMAGE
INK
JAM
LETTER
LIBRARY
LIGHT
MECHANICAL
MULTIPLE
NUMBER
OFFICE
PAGES
PAPER
PHOTO
PROCESS
QUICK
ROLLER
SCAN
SCHOOL
TONER
TRAY
WHITE
WORK
XEROX

Photocopier

Y Z X K F A E T R K C I U Q
G A R R E L L O R B O O K S
F O R E N D L T O N E R M S
W H I T E O E X P O S U R E
A N N T C U D I G I T A L C
K S U E F U G E S T T M O O
T C M L P C O P Y A E U O R
H A B L I C V R C C D L H P
V N E V T B E I H U O T C I
P X R H B T R A X D C I S E
G A G K U T N A O E U P O G
B I P P C I M S R X M L F L
L S M E C D E Q E Y E E F A
A O L A R G N L X J N I I S
C E L U A U T O M A T I C S
K R M P H O T O I M A G E U

Solution on Page 342

BIG
BUILDING
CHICAGO
CITY
COMMUNITY
CONCRETE
DECORATED
DRINK
ELEVATED
FILL
FLOW
GRAVITY
HEIGHT
HIGH
HILL
LADDER
LANDMARK
LARGE
LEAK
METER
MONUMENTS
MUNICIPAL
PAINT
PIPE
PRESSURE
PUMP
RAIN
ROOFTOP
ROUND
SAFETY
SIGN
STEEL
STORAGE
SUPPLY
TAP
TOWN
USAGE
VOLUME
WATER
WELL

Water Tower

W A T E R K I H W E L L C S
O R O O F T O P H I G H I Y
L S U S T O R A G E I G J K
F N M E E E T E R C N O C R
D Y V E S M B R A I N D O A
U S T S Y I U G D R I N K M
E F U I G T O L A R G E D D
H R S P N R I P O P L L E N
E E A Y P U A C I V A T T A
I D G T B L M V V P A O A L
G D E E Q O Y M I R E W V E
H A L F P C M C O T U N E E
T L L A U E I C X C Y P L T
A U I S T N E M U N O M E S
P N F E U D L L I H V U A U
T X R M J K H O D N J P K A

Solution on Page 342

ACTIVITY
AGILITY
ATHLETIC
BENEFITS
BODY
BREATHING
CARBOHYDRATES
CATABOLIC
CYCLING
DIET
ENDORPHINS
ENDURANCE
EXERTION
EXHALATION
FITNESS
FLEXIBILITY
GYM
HEALTHY
HIKING
JOGGING
MARATHON
MUSCLES
OBESITY
RUNNING
SHAPE
SKILLS
SPORTS
SPRINTING
STRETCHING
SWEAT
SWIMMING
WALKING
WATER

Staying Fit

S P R I N T I N G Y M F H M
W E Y G N I G G O J Y I D U
A C T I V I T Y T H K T F S
L N I A T H L E T I C N K C
K A L G R B I L N F G E C L
I R I N Z D A G N L N S I E
N U G I B E Y O E E I S L S
G D A H H R I H X X N E O W
M N O C E T S H O I N J B I
A E L T R P A T H B U W A M
R L A E O L A P W I R V T M
A W X R A E R H I L D A A I
T E T T W O B E S I T Y C N
H S I S D B R E A T H I N G
O O G N I L C Y C Y D O B E
N B E N E F I T S L L I K S

Solution on Page 343

AUTUMN
BLADE
BLOWER
BOTANY
BRANCH
BROWN
CHANGE
COLOR
CRUNCHY
DRY
FALL
FERNS
FLAT
FOLIAGE
FOOD
GOLD
GRASS
GROW
LIGHT
MAPLE
MULCH
OAK
ORANGE
OXYGEN
PALM
PARK
PILE
PLANT
RAKE
RED
SEASON
SHADE
SPRING
TABLE
TEA
THIN
TWIG
VEIN
WIND
YELLOW

Leaves

O D W R D M C U T A L F B S
A F G H L Q H A C N G Z E R
K E P F S V B O N E A E D R
G R O W Y L L E A B L L A F
N N A B E O G R A S S P P A
E S M P R Y W E E G N A R O
D B H U X A T I G D T M Q R
N T B O T A N Y N O S A E S
V Y H C N U R C A D K D D H
Q R C I S B A F H C M S A A
C D Y K N F L O C R U G L D
V K U E D N W O R B L J B E
V R P A L M P D W I C I K X
Y K I F O L I A G E H A B L
L G L Q G B O H S P R I N G
B V E I N G T W I G G B K N

Solution on Page 343

APPETIZERS
APPLE CRISP
BERRY PIE
BRANDY SNAPS
BROWNIES
CANDY CANES
CARAMEL
CHEESECAKE
CHERRY PIE
CHESTNUTS
CIDER
FUDGE
HARD CANDY
ICE CREAM
KISSES
MACAROONS
MARSHMALLOW
MIXED NUTS
PECAN PIE
PEPPERMINT
PICKLES
PUMPKIN PIE
PUNCH
ROCK CANDY
SHORTBREAD
SODA
SPONGE CAKE
TOFFEE
VEGGIE DIP

Tasty

T R S H O R T B R E A D O S
N E I P Y R R E H C N U P C
I D F W O Y D N A C D R A H
M I X E D N U T S F U D G E
R C S B V E G G I E D I P E
E R T R A P P E T I Z E R S
P O U A P P L E C R I S P E
P C N N E B S I A A S M U C
E K T D C R N P N C K A M A
P C S Y A O O Y D A I E P K
I A E S N W O R Y R S R K E
C N H N P N R R C A S C I E
K D C A I I A E A M E E N F
L Y S P E E C B N E S C P F
E X V S T S A L E L B I I O
S W O L L A M H S R A M E T

Solution on Page 343

ADVICE
CALL
CAPSULES
CHEMISTRY
COSMETICS
COUNTER
DISPENSE
DOCTOR
DOSE
DRUG
FILL
GENERIC
HEALTH
HOSPITAL
INSURANCE
LICENSED
MORTAR
NURSE
ORDER
PATIENT
PESTLE
PHARMACIST
PHYSICIAN
RETAIL
SAFE
SCIENCE
SERVICE
SICKNESS
STORE
SUBSTANCE
TABLET
THERAPY
TRAINING
TREATMENT
VITAMINS
WALGREENS
WELLNESS

Pharmacy

G M O R T A R T E L B A T D
U P R O E S R U N Q Y I U O
R A D T S I C A M R A H P S
D T E C A L L I T S T O R E
D I R O S U B S T A N C E L
W E S D S A I C T E E H V U
E N S P N M F I R C M O I S
L T S N E A D E A N T S C P
L H I H E N I N I A A P O A
N E C E R C S C N R E I U C
E R K A G E I E I U R T N I
S A N L L I F L N S T A T R
S P E T A M R T G N Y L E E
G Y S H W R E T A I L H R N
C E S N I M A T I V V P P E
P S E R V I C E C I V D A G

Solution on Page 343

AUDIBLE
BEN
BRICK
BUILDING
CAMPUS
CANTERBURY
CATHEDRAL
CENTRAL
CHIME
CHURCH
CITY
CLOCK
DESIGN
DIAL
ENGLAND
ERECTED
FACE
FAMOUS
GEARS
HAND
HEIGHT
HIGH
HOUR
KREMLIN
LANDMARK
LARGE
LONDON
MINUTES
MONUMENT
NOON
OLD
RING
SQUARE
STAIRS
STRIKING
STRUCTURE
TALL
TIME
TOWN
TURRET

Clock Tower

R W L C H U R C H A N D M I
C V L F A M O U S I O Z I E
O S A W T N E M U N O M N G
T A T E M I T J D K N G U N
H O U R A S N E C M L N T I
K D B D U G T I R A X I E D
C A I P I C R Y N B F K S L
O A M S E B T D O A U I A I
L A E R H I L U C L N R M U
C D E E C F A E R N D T Y B
X L O N D O N G I E S S C R
T E R R U T D L H B R G C T
S Q U A R E M T H G I E H N
E G R A L E A O I N A A I N
Z A L R R C R W G I T R M R
T C D K N L K N H R S S E G

Solution on Page 344

ALUMINUM
BAGS
BATTERIES
BOTTLES
CANS
CARDBOARD
CENTER
CLEAN
COLLECTION
COMPOSTING
CONSUMPTION
CURBSIDE
DEPOSIT
EARTH
ECOLOGY
EFFICIENCY
ELECTRONICS
ENERGY
FOOD
GLASS
GREEN
INDUSTRY
LANDFILLS
MATERIALS
METAL
NEWSPAPERS
PACKAGING
POLLUTION
PROCESSING
RESOURCES
REUSE
SCRAP
SORTING
STEEL

Recycle

N E W S P A P E R S C R A P
G A L U M I N U M E T A L L
L H E E D I S B R U C B P A
A T F S C O L L E C T I O N
S R F M A T E R I A L S L D
S A I C S O R T I N G P L F
E E C B O V D O O F R R U I
N O I T P M U S N O C O T L
E B E R D E P O S I T C I L
R R N C E Y G O L O C E O S
G V C E N T E R S L O S N E
Y B Y L E E T S E T G S E L
D R A O B D R A C A I I E T
Y R T S U D N I B A X N R T
J P W P A C K A G I N G G O
S E C R U O S E R E U S E B

Solution on Page 344

BELTWAY
BICYCLES
BRAKING
BRIDGE
BYPATH
BYROAD
CAR SEAT
CAUSEWAY
COASTING
CROSSWALK
CRUISING
CURVES
DETOUR
DOWNSHIFT
DRIVEWAY
FREEWAY
FUEL
GREEN
HIGHWAY
HILLS
INSURANCE
LANE
MAIN ROAD
MIRRORS
PARKWAY
RACING
REST STOP
ROADWAY
SHORTCUT
SPEEDING
SPEEDWAY
TRAFFIC
TURNOFF
TURNPIKE
YELLOW
YIELD

Street Smart

N V B F S R O R R I M T O F
B J Y R P E K I P N R U T F
P S P E E D I N G V L C R O
A E A E E B R I D G E T A N
R V T W D G N I S I U R C R
K R H A W P N B V A F O I U
W U T Y A O D I R E X H N T
A C R T Y T E C T A W S G N
Y W A F I S T Y A S K A K E
A O F I E T O C A R A I Y E
W L F H L S U L B W S O N R
H L I S D E R E H Y T E C G
G E C N A R U S N I R L A G
I Y A W E S U A C A L O E T
H C R O S S W A L K L L A B
Y A W D A O R N I A M D S D

Solution on Page 344

BED
BLANKET
BOLSTER
CASE
CHAIR
COMFORT
COUCH
COVER
CUSHION
DECOR
DESIGN
DOWN
DREAM
FEATHER
FIGHT
FIRM
FLUFFY
FOAM
HARD
HEAD
KING
LACE
LINEN
NAP
NECK
NIGHT
QUEEN
RELAX
REST
SATIN
SILK
SLEEP
SLIP
SOFA
STANDARD
SUPPORT
THROW
TOP
TRAVEL
WHITE

Pillow

L X N F K L I S K Q T F Z N
Y E A R H I J O Z O S O F A
Z X P L S T N E P O E Y M P
W H I T E L R G T H R F Z A
E B P S J R E H T A E F E H
Q D A T R A V E L R V U Y S
U C R Q D K K R P D O L L H
E D W E R N V R O M C F A E
E T B D A E W D H C O U C H
N R Q L D M T E A O E A E F
E O B U N U A S C M C D W X
C P I C A D M I L F I G H T
K P N H T D A G I O M H Q G
F U Z A S J O N N R B R A D
D S L I P U F W E T H G I N
O T H R O W C E N I T A S F

Solution on Page 344

AISLES
ANNOUNCER
ARENA
AUDIENCE
BALL
BAND
BEER
BUILDING
CHEERS
CITY
CONCERT
EVENT
FANS
FIELD
FOOD
HOCKEY
HUGE
INDOOR
LARGE
LIGHTS
LIVE
MUSIC
OPEN
OUTDOOR
PARK
PEANUTS
PEOPLE
PLAY
POPCORN
ROWS
SCORE
SEAT
SECURITY
SOCCER
SPORT
STAGE
SUITES
TEAM
TICKET
TRACK

Stadium

T R O P S E E G A T S Z S L
R N T E O Y G U E J T S J N
A F E P C T D A P A H T B J
C A E V C I M O T I G U N P
K N N V E C P I Y S I N L M
R S S N R C C Y E L L A B R
B Y C R O K C A D E Y E A Z
L E I R E U N I D S C P N C
F K N T N E N D S O F N D G
S C D D R G H C N U O S B S
W O O A L P V C E F M F Y U
O H O A K S E C U R I T Y L
R K R A P R O O D T U O I C
E G S E T I U S P Y Q V Y B
E R O C S E A T D L E I F J
B T H U F G K H U G E D H S

Solution on Page 345

BLOCK
CANADA
CASCADE
CATARACT
CHANNEL
CHUTE
CLIFF
CURRENT
DROP
ENERGY
EROSION
FAN
FLOW
FROZEN
GOCTA
GORGE
HAWAII
HEIGHT
LAKE
MIST
NATURE
NIAGARA
PARK
PLUNGE
POOL
RAINBOW
RAPID
RELAXING
RIVER
ROCKS
ROMANTIC
SCENIC
SPLASH
SPRAY
STEEP
STREAM
TALL
TIERED
WATER
WET

Waterfall

K V A Y R G P L W O L F D V
L R A S A O S A L Z C F Y B
D S F A R R C T R A I I X F
I E I D I G P K R K T L E D
P W D A I E T S S E N C N E
A E U N A D G N I X A L E R
R T B A W A I L E T M M R O
E I C C A C R A A R O J G S
T E U O H S R R F K R Y Y I
A R T Q G A A A R W E U X O
W E H W G C N I O K V N C N
P D G A T Y V N Z C I H I A
Y E I N A F Q B E O R L N T
K N E T U H C O N L X O E U
W W H T T L W W O B V O C R
S Z M I S T P H S A L P S E

Solution on Page 345

ABILITY
ACE
ANSWER
APTITUDE
BOOKS
CHEAT
CLASS
COMPUTER
EASY
EVALUATE
EXAM
FAIL
FALSE
GED
GRE
HARD
LEARN
MATH
MEMORY
MILITARY
ORAL
PASS
PEN
PHYSICAL
PREPARE
PROCTOR
QUESTION
QUIZ
READING
RESULT
SAT
SCHOOL
SCIENCE
SCORE
SKILL
STUDY
TEST
TIMED
TRUE
WRITTEN

Testing, Testing

T S E T O E Y T R B Q V R B
E E R L K D D E O M T O E W
N S O W U E W O M A T H S Q
Q L C T M S K U S C T R U E
Y A S I N S C H O O L I L U
I F T A E E D R A H Z X T G
J T M R T N P H Y S I C A L
Q L G Y T E C E R A P E R P
R I S R I T R E A A Q J O M
D A P O R A T Y T I L I B A
E F L M W U C S I L L C T X
G D A E P L S V L L M H F E
X I R M A A G N I D A E R Q
X A O S P V K K M N R A E L
W C S Q U E S T I O N T M V
H E E D U T I T P A O Y P G

Solution on Page 345

BADGE
CAMPAIGN
CERAMIC
CLOSURE
COAT
COLLAR
COVERED
CUTE
DESIGN
DRESS
FABRIC
FASTEN
FLY
GARMENT
GLASS
HOLE
JACKET
JEANS
KNOB
LOOP
PANTS
POCKET
PUSH
ROUND
SEW
SHANK
SHIRT
SHORTS
SIZE
SKIRT
SNOWMAN
STUD
SUIT
SWEATER

Cute as a Button

L C A M P A I G N C L D W E
G D E S I G N H O L E N R G
S K I R T G I A P P S U O D
G Y L F A S T E N C S O X A
U M B B H M B T P O E R Y B
Q O S A O S I G L V R U M S
K W N F H N L C A E D C J T
I K B I L A K Y Z R I U R R
K P R O S E L I A E M T B O
G T O S T J S L F D S E W H
B P L C E U L N A M W O N S
E U J Q K O H F B P E E S T
G S C P C E M W R A A H U U
P H U X A I T Q I V T N I D
Q X A K J Y U I C V E A T V
O I N K O Z Q X Q R R D U S

Solution on Page 345

ALARMS
ARSON
AXE
BELL
BLAZE
BURN
CAMPERS
COALS
CPR
DRY
FOAM
FUEL
GEAR
GLOVES
GREASE
HEAT
HELMET
HORN
HOSES
LADDER
MASK
OIL
OXYGEN
PUMP
RADIO
RAIN
RAKE
RANGER
RESCUE
SAFETY
SEARCH
SHOVEL
SIREN
SPARKS
TEAM
TORCH
WATER
WIND
WIRING
WOOD

Firefighting

O C X S H Y S P A R K S B S
T T U Z T C C L X F E X D K
F K T E A M A X T U P E F I
J S F P S R M F C E S X Q F
D A U C M A P S R L H A G A
S M H S P Y E K A R O R F D
P W E T N R R R N E V S E B
N G L O V E S D G Z E O D O
R N M R Y D G G E A L N O I
G I E C P D E Y R L I O O E
C R T H C A E C X B H M W M
N I A R R L H L O O H A L P
H W E D R D D L S A T O R F
D U H M I R N E L E L F R Q
H K X H D O S I R E N S H N
E R G W X H G Z W X B U R N

Solution on Page 346

ACCORD
AFFECTION
AFFINITY
BEHAVIOR
BONDING
BUDDIES
CHILDHOOD
CHILDREN
CLOSENESS
COLLEGE
CONFIDANT
DEPEND
EMOTIONAL
EMPATHY
FAMILY
FEELING
FOREVER
FRIENDS
HELP
HONESTY
IMPORTANT
INTIMACY
JOY
LOVE
LOYALTY
MARRIAGE
NEED
PARTNER
RESPECT
ROMANCE
ROOMMATE
SCHOOL
SHARING
SYMPATHY
TOGETHER
TRUE

Lots of Friends

J Y G T R U E T A M M O O R
R E H T E G O T F A M I L Y
O X T T E D Y I R G Y O J S
M R R L A T E R I N C N S E
A D L E L P I E E I O E C I
N O O A V A M Y N L N R H D
C R Y O G E D Y D E F D O D
E O D E H I R E S E I L O U
L I A R M D M O P F D I L B
G V F H O O L P F E A H B R
N A F F E C T I O N N C O E
I H I T D L C I H R T D N S
R E N T R A P A O C T V D P
A B I Y C A M I T N I A I E
H Y T S E N O H L A A Y N C
S O Y H T A P M E V O L G T

Solution on Page 346

AISLES
APPLES
BAGS
BAKERY
BANANAS
BANKING
BEER
BOOKS
BREAD
BULK
CANNED
CART
CASHIER
CHEESE
CHIPS
CLERK
COOKIES
COUPONS
DAIRY
DELI
EGGS
FILM
FLOWERS
FRESH
FRUIT
JAM
JUICE
MEAT
MILK
PASTA
RICE
SALE
SNACKS
SOAP
SODA
SPICES
SWEETS
VIDEOS
WINE
YOGURT

At the Grocery

Y H Q J A J B E P G Q P F W
I Z B O O K S P D A I R Y I
X N I A M E G G S C E Q O N
P B A N K I N G A S V H G E
C A S H I E R O H B I T U L
O N S L Z F R U I T D A R A
O A P T T Q Q Y S W E E T S
K N K F A R M L E G O M E Z
I A O L P B A A U M S C H P
E S N O P U O C J U I C E A
S M I W L E B F A P Z L S O
M K C E E S K D S N A C K S
H L H R S E A D O S N R W Q
V A I S L E S C E R E E B S
E B P F R H F B U L K V D Y
G U S B H C R I C E I G Z L

Solution on Page 346

BASIN
BATH
BOTTOM
BOWL
CERAMIC
CHROME
CLEAN
CLOG
COMET
COPPER
COUNTER
DESIGN
DIRTY
DISHES
DOUBLE
DRAIN
ENAMEL
FAUCET
FILL
FIXTURE
GLASS
GRANITE
HANDS
HEAVY
HYGIENE
KITCHEN
MARBLE
MODERN
PIPE
RINSE
SCRUB
SOAP
SPONGE
STEEL
STONE
SUDS
TAP
TOWEL
WASH
WATER

Sink

H S A W L S X G O L C S H T
A B R E D U Y B H O P C P G
N U E D R D A G M O B R I V
D T J K A S D E N O A U P B
S E H S I D T G W J O B E G
M D I N N T E L B R A M L X
C E M O R H C O P P E R B Z
S S A L G I U H M N J B U B
O I I C I M A R E C X A O S
A G Z L O H F I W N E T D T
P N T E E U G I F R T H M O
R E T A W Y N S U O I F O W
A S V N H O T T M T N Q D E
H Y K V S O X R E N A M E L
X W E S N I R I I R R P R S
I K V E F I L L W D G C N N

Solution on Page 346

ART
BRANDING
BUILDINGS
CHICAGO
COUNTRIES
CULTURE
DESIGN
EDUCATION
EIFFEL TOWER
EPCOT
EXCHANGE
EXHIBIT
EXPO
FERRIS WHEEL
FESTIVAL
FUN
GAMES
INDUSTRY
INNOVATION
INVENTIONS
KNOXVILLE
LONDON
MONTREAL
NATIONS
NEW YORK
PAVILION
PEOPLE
RIDES
SCIENCE
STRUCTURES
TECHNOLOGY
THEME
UNIVERSAL
WORLD

World Expo

R I N D U S T R Y S E M A G
I E H Y N G N I D N A R B A
D N W G O N E E E O T C T I
E T O O I I L M S I C O E A
S O R L T D P E I T U U C Z
C C L O A L O H G N L N N F
H P D N V I E T N E T T E K
I E P H O U P F D V U R I Z
C L A C N B N U F N R I C L
A L V E N B C L I I E E S A
G I I T I A O V S O E S N V
O V L Q T N E W Y O R K O I
P X I I D R H E X H I B I T
X O O O S E R U T C U R T S
E N N A E X C H A N G E A E
J K L L A E R T N O M Q N F

Solution on Page 347

ALUMINUM
BARBED
BATTERY
BEND
BRAIDED
BUNDLE
CABLE
CHICKEN
CIRCUIT
COAX
COIL
COMPUTER
CONNECT
COPPER
CURRENT
DATA
ELECTRIC
FENCE
FLEXIBLE
GAUGE
GOLD
HANGER
INSULATED
JEWELRY
LINK
LONG
MESH
METAL
NICKEL
PHONE
POLE
POWER
SHIELDED
SPOOL
STEEL
STRAND
TELEGRAM
THIN
TWIST
VOLTAGE

Wire

T L D V P M D J P M F G B X
E N A E G U A G O B E N D V
S S E T D N T R W D N S U X
Z T P R E I A N E K C I H C
N R E O R M A T R P E J N X
G A E E O U A R I T P I A C
K N E T L L C R B U C O A O
K D L Y U A S O G K C T C N
Z C D S Y P V H E E W R J N
N O N B D O M L I I L E I E
H I U A L U B O S E W E S C
A L B T C I R T C E L E T T
N W A T X C A B L E N D G K
G G E E H B A R B E D O E U
E U L R I I Y K N I L E H D
R F O Y L O N G Q D E L O P

Solution on Page 347

AGENT
AUTO
BILL
BROKER
BUSINESS
CAR
COMPANY
CONTRACT
COST
COVERED
DENTAL
FEES
FIRE
FLOOD
HEALTH
HEDGE
HOME
HOSPITAL
HOUSE
LAW
LEGAL
LIFE
MONEY
PAYMENT
PAYOUT
PET
POLICY
PREMIUM
PROTECT
PROVIDER
QUOTE
RATES
REQUIRED
RISK
SAFETY
SECURITY
TERM
THEFT
TRAVEL
VISION

Insurance

U S S E R I F L T R A V E L
C A E G D E H C R T E O A K
T F E H T L K Z O P E T O S
H E F D E S U O H M I N E T
C T H M U I M E R P P T C U
L Y T I R U C E S B A A R P
A K L W M G M O S R R E N A
G G A R K O H Q E T Q N M Y
E G E C H S U D N U O V G M
L T H N O O I O I I P P P E
G Y F E T V C R S E D R B N
W C F E O W E I U T O M I T
A I L R P D V R B T O R L I
L L P F L O O D E N T A L I
C O S T Y Z G C E D U C N D
J P A Y O U T Y M M A B F L

Solution on Page 347

ANTIQUE
ART
BEAD
BRASS
BRIGHT
BULB
CANDLE
CANOPY
CEILING
CHAIN
CLASSIC
CRYSTAL
DECOR
DESIGN
DINING
DROP
ELEGANT
FANCY
FESTOON
FINIAL
FIXTURE
FORMAL
FRENCH
GLASS
HANGING
HOME
HOOP
HOUSE
LAMP
LIGHT
LUXURY
METAL
MINI
OPERA
ORNATE
PRISM
ROOM
ROUND
SILVER
STYLE

Chandelier

D F M E S U O H L A T E M M
T K O Y A N G D C T N T L O
I O B R A S S E D N F A A O
L U E U M M S I R P E N M R
Q P M X H A N G J U S R P Y
O U O U S I L V E R T O F C
A J H L N H F A U R O X M N
A N J G E N E I T H O G I A
G B T N G L N L N S N C R F
T H G I R B Y S E I Y T E G
G I S G Q C Q T L G A R E D
T E M N H U C I S S A L C R
D B E A D X E S E Y D N V O
M D I H S C A F I N I M T P
D N U O R L B C A N O P Y D
N T L I G H T C B U L B A A

Solution on Page 347

AIR
BICYCLE
CAR
DEVICE
DIAPHRAGM
ELECTRIC
ENERGY
ENGINE
EQUIPMENT
FLOW
FLUID
FOOT
FUEL
GAS
GRAVITY
HAND
HEAT
HOSE
INFLATE
LIQUID
MACHINE
MOTOR
OIL
PIPE
PLUNGER
POWER
PRESSURE
PRIME
PUSH
SLURRIES
SUCTION
SUMP
TIRE
TOOL
VACUUM
VALVE
VOLUME
WATER
WELL
WINDMILL

Pump

B D K O P Y F V F U E L O R
K T V N M K K E T A L F N I
Q L X J Q U V Y K I P N D A
F O W E L L N Z M K T I R E
O O K C A O Y D T E A F P L
B T O V I T N E M P I U Q E
P I Y T I I N I H R Y W K C
S E C V W I R R R E W O P T
H U A Y G P A P U S H L O R
S R M N C G P E Y S D F U I
G E E P M L R N G U I F E C
M C C K U S E I R R U L S A
O I D N U T T H E E Q U O R
T V G N C A A C N O I I H G
O E A N A E W A E I L D E O
R D S K V H E M U L O V Y X

Solution on Page 348

ADVANCE
BETTER
CHANGE
COMPANY
COMPUTER
CREATE
DEVELOP
DISCOVERY
ECONOMICS
EFFICIENCY
EVOLUTION
EXPERIMENT
FIRST
GOALS
IDEA
IMPROVE
INDUSTRY
INGENUITY
INNOVATE
INTELLECT
INVENT
KNOWLEDGE
LAB
MARKET
METHOD
NEW
PATENT
PROCESS
PRODUCT
PROGRESS
RESEARCH
SCIENCE
SERVICE
SOLUTION
THINKING

Innovation

T N E T A P R O D U C T S T
E R E I E G D E L W O N K N
C E Z W N X E C N A V D A E
I S R E T U P M O C B I T V
V E F F I C I E N C Y S S N
R A V S S E C O R P R C Y I
E R I I X P A E D I I O T N
S C N F N A O C F M M V I D
L H N O I T U L O V E E U U
A A O E I D E N E M Z R N S
O N V X I T O L C V P Y E T
G G A S E C U H L R E A G R
B E T T E R S L T E E D N Y
S S E R G O R P O E C A I Y
D E V O R P M I Q S M T T H
M A R K E T H I N K I N G E

Solution on Page 348

ABSORB
ACRYLIC
BASEBALL
CASUAL
CHRISTMAS
COVER
DRAWER
DRESS
ELASTIC
FABRIC
FEET
FOOT
GARMENT
GYM
HEEL
HOSIERY
KNEE
KNIT
LACE
LAUNDRY
LEG
LOW
MATE
MISSING
PADDED
PAIR
POLYESTER
PUPPET
RUN
SILK
SIZE
SLIPPER
SPORT
TOE
WARM
WEAR
WOOL
WORK
WOVEN
YARN

Socks

K V E L A S T I C J Q M J G
V R E E G A P H N Z F L E O
V E E G Y M R A W O O R Y I
H E A T C I L Y R C A N R C
G N I S S I M R E W A R D K
W K O T N E M R A G Y A N B
M V M D R T Y L J F R Y U J
S A B E L O L L A B E S A B
S K G D G O P A O U I E L R
E L C D P F W S C P S O T O
R I I A U C F W O E O A X S
D S R P P O O S T W H L C B
R V B T P V P A I R H T W A
N R A I E E M M N Z A O A T
P A F N T R R A H U E E E C
Y U M K E M L V P K R O W R

Solution on Page 348

AIR
AVIAN
BIRD
BREEDING
CHICKS
CURRENT
DIVING
DRAG
DUCKS
EAGLE
FEATHER
FEEDING
FLY
GEESE
GLIDE
GRACEFUL
GROUP
HEIGHT
HIGH
HOVER
LANDING
LEADER
LIFT
LIGHT
MIGRATE
MUSCLES
NATURE
NORTH
PATTERN
REST
SEASON
SKY
SOAR
SOUTH
SPEED
SWOOP
TRAVEL
VIEW
WEIGHT
WIND

Bird Flight

D F F J M X K C O N U X A B
I J E N H I G H O V E R K I
V I E A A J E L E A D E R O
I W D L T T I C H I C K S P
N A I V A H U U L I G H T I
G F N R R R E R G G T H X N
T N G E N L S R E R S X T C
J I I W J P A E O O E K W E
M Y R D E C A N T R A V E L
U A L E E I D T D H S T I G
S F D F P E V Q T I O D G A
C K U Y G O R U Z E N A H E
L L C Z L R O B T I R G T S
E N S U I S O W W D I N O E
S B I R D X K U S L A A A E
V D T S E R Y Y P E R L Y G

Solution on Page 348

ASCII
AUTOMATE
BAY
BIT
BYTE
CABLE
CACHE
COPY
CPU
DELETE
DISPLAY
DSL
DVD
ENTER
ERROR
ESCAPE
FAX
FILE
GIF
HELP
HTML
LAPTOP
LASER
MEMORY
MODEM
MONITOR
OPTIONS
PASTE
PIXEL
PRINTER
RAM
SCANNER
SCSI
SERVER
SUPPORT
TOOLS
URL
UTILITY
WEB
WWW

Computer Terms

B X C D D G Y R O M E M U T
U D V H L Q Q K P T G Y T E
L E E E P R I N T E R L I P
P L X M S U N B I T M E L P
P I A V J P U I O O R S I B
P F F C S C A N N E R C T S
A J Y G D V D I S P L A Y Q
S U P P O R T W D E U P A L
T G W Z O O G Y P T R E B E
E O M A R C Y R O E F V L V
W W W M O D E M T L A S E R
B S L E L B A C P E D R H R
L Y M Q B T S F A D R C C X
R E T N E F C S L O O T A Q
U O H E Y I I P R R I S C S
K I B U Y M I G S S J W K K

Solution on Page 349

ACTOR
ADVERTISE
ART
BAND
CAMPAIGN
CHEAP
COLOR
CONCERT
CUSTOM
DORM
EVENT
FAMOUS
FILM
FLAT
FRAME
GRAPHIC
HANG
INK
MATTED
MESSAGE
MODELS
MOVIE
MUSIC
PAPER
PHOTO
PLAY
PROTEST
ROLL
SCHOOL
SIGN
SPORTS
STUDENT
STYLE
TAPE
TEENAGER
TEXT
TRAVEL
TUBE
WALL
WANTED

Poster

C S A O A E X H U O T O H P
B B Z C Y V S S P O R T S A
G S T U D E N T S E T O R P
W O R R M N Y F G S T Y L E
R N A O A T K A S L L A W R
T G V E J R N M L C I S U M
X I E S D E I O E P H L V M
E S L I E C R U D I Y O E F
T X M T T N P S O D Q S O I
Z X O R N O Q W M N S G Y L
F E T E A C I H P A R G L M
I T S V W F F M G B T H P S
Z X U D R N L E B U T T A V
Q G C A M P A I G N A H E O
Q B M R O D T E G P O W H D
R E P A T P B Z R O L O C E

Solution on Page 349

ALLERGY
ALMOND
BAKING
BEECH
BOTANY
BRAZIL
CAN
CHESTNUT
CHRISTMAS
COOK
CORN
CRACK
CRUNCH
CUISINE
CULINARY
DESSERT
EAT
EDIBLE
FILBERT
FOOD
FRUIT
HARD
HAZEL
KERNEL
LEGUME
MIXED
NUTRIENT
NUTRITION
OAK
PARTY
PLANT
PROTEIN
SALT
SEED
SHELL
SNACK
SQUIRREL
TREE
VITAMINS
WALNUT

Go Nuts

S W Y T R A P C O R N I D Z
H T A V C R L A R Y P A L S
E D V L O U Y N G U D T E N
L S M T N E I R T U N T Z A
L N E P E U E S A D U C A C
E I U R L L T C I N A S H K
N M T T L A D G T N I L D C
R A O A R R N S R L E L Y A
E T H A A I E T Q R A N U R
K I C H K H T T R Z A S H C
N V Y A C H R I S T M A S B
S A B T A E U C O O K W V R
F O O D S Q E B D N O M L A
D E E S S O Q B M I X E D Z
T R E B L I F R U I T K D I
E D I B L E G U M E M V E L

Solution on Page 349

ACTOR
AISLE
ARENA
ARTS
AUDIENCE
BALCONY
BOXES
BUILDING
CINEMA
CONCERT
COSTUMES
CREW
CURTAIN
DANCING
DARKNESS
DIRECTOR
DOOR
DRAMA
ENTRANCE
EVENT
EXIT
FILM
LIGHTS
MOVIE
MUSIC
OPERA
PERFORM
PLAY
POPCORN
ROW
SCENERY
SET
SHOW
SINGING
SOUND
STAGE
TICKET
USHER
WALLS
WINGS

At the Theater

U F U L I G H T S G S E T A
D N S M U S I C N E E G M D
T N H O G X E I Y A M A R D
I Y E E U N C A N A O T O J
C A R D E N I U O M V S F C
K L N R A A D D C E I N R S
E P Y D A R X I L N E E E I
T N I C D E K E A I W M P N
S R T T E N A N B C U T F G
T O R R N A S C E T E B A I
R C E E A E W E S S C S R N
A P C J D N V O A I S L E G
O O N R O T C E R I D L P M
T P O W O H S E X O B A O L
Q L C U R T A I N I U W B I
J S E H S G N I W C T J F F

Solution on Page 349

ACTIVITY
APIARY
ARTIFICIAL
BEE
BOXES
BROOD
BUSY
BUZZING
CELLS
CLAY
CLUSTER
COLONY
COMB
CROPS
DRONE
EGGS
ENCLOSED
FLOWERS
HABITAT
HEXAGON
HONEY
HUM
KEEPER
LARVAE
MUD
NATURAL
NEST
ORDER
POLLEN
PRODUCTION
PROPOLIS
PUPAE
QUEEN
SMOKE
STING
STRUCTURE
SWEET
TREE
WAX
WORKER

Beehive

S Z P T R E E M I Q U E E N
B C B Y D E S O L C N E E O
E R H L W N T I W P F L A B
G O O W A O R D E R L Z M R
G P L O X I U Y N O L O C H
S S A R D T C N P P C S L W
G W R K U C T I Q O M Y A H
N E U E M U U T F L T H Y A
I E T R W D R G N I Z Z U B
T T A S I O E E V S T M X I
S A N M D R L I P X T R E T
M Y P R M P T F I E S C A A
O E O I L C L U S T E R P T
K N O G A X E H N L X K U S
E O E A V R A L L V O R P E
V H U M F I Y S U B B E E N

Solution on Page 350

AIR WRENCH
AUTOMOBILE
CHASSIS
CHECKERED FLAG
CIRCUIT
CONCESSIONS
COURSE
CREW CHIEF
DASH
DODGE
DRAG
DRIVER
ENGINE
FINISH LINE
FUEL
GARAGE
GRANDSTAND
GREEN FLAG
HELMET
INFIELD
LAPS
MECHANIC
MOTOR
NASCAR
OVAL
PACE CAR
PASS
PIT CREW
PIT ROAD
POLE
RADIO
SPEEDWAY
SPONSOR
STOCK CAR
TIRES
TRACK
TURN
YELLOW FLAG

Racing

E O W E L O P I T R O A D D
G R V S D R I V E R M N E O
A O G A P L A S X E A S N D
R S P A L E R C C T T S G G
A N I C L U E H S O T A I E
G O G S O F A D C A L P N L
S P A C S N N K W F N I E I
F S L I I A C E D A L T L B
E Z F C R A H E E H Y C D O
I M W G R W R C S R H R L M
H N O T S E R I T S G E E O
C R L T K C N E A F I W I T
W U L C O I Z D N G A O F U
E T E Q F R A C E C A P N A
R H Y Z A T E M L E H R I S
C I R C U I T O I D A R D Q

Solution on Page 350

ANTHRACITE
ASH
BLACK
BURN
CARBON
CINDER
COMBUST
COMMODITY
DEPOSITS
DUST
ELECTRICITY
ENERGY
ENVIRONMENT
FIRE
FOSSIL
FUEL
FURNACE
GRAPHITE
HARD
HEAT
HYDROGEN
LIGNITE
LUMP
MINE
NITROGEN
OXYGEN
PEAT
PETROLEUM
PLANT
POLLUTION
POWER
REFINED
RESOURCE
SHAFT
SMOKE
STEAM
STOCKING
SULFUR
TRAIN
UNDERGROUND

Coal

Y C I N D E R E S O U R C E
T L E U F G P L N O B R A C
I N M D N S T E A M H E P A
D O E O R D A C A Y I G O N
O I L M S A E T D T L N W R
M T P A N T H R A C I T E U
M U R L L O O I G T S H R F
O L E M A G R C N R S P L L
C L F L E N B I K A O M I U
O O I N O T T T V I F U G S
M P N G S R Y Y J N N L N T
B B E U O G T F I R E G I D
U U D G R X D E P O S I T S
S R E E E T I H P A R G E P
T N N E G Y X O B L A C K B
J E M S H A F T S M O K E T

Solution on Page 350

ACCOUNTS
ASSETS
AUDIT
BANK
BARTER
BONDS
BUY
CAPITAL
COSTS
CREDIT
CURRENCY
DEBT
DEMAND
DIVIDEND
DOLLAR
EARNINGS
EQUITY
EXCHANGE
EXPENSES
EXPORT
FEDERAL
IMPORT
INCOME
IRS
LABOR
LOAN
LOSS
MARGIN
MARKET
NET
PAYABLE
PROFIT
REFUND
REPORT
REVENUE
SALES
STOCKS
SUPPLY
TAXES
TRADE

Business Economics

Q T S M K D I S U P P L Y J
E E M O C N I S T S O C R P
Z K E G N A H C X E S U E T
K R A D I M P O R T S T T B
V A R I G E Z I O E R S R E
Y M N V R D L C T O P O A D
S C I I A L K A P A I O B A
S L N D M S A X R V L T R R
O U G E X P E N S E S I P T
L Y S N R R A L L O D D R I
Z O T D E R T Y Y P S E O D
B U A I R B U L A B O R F U
O S T N U O C C A B A C I A
N J Z Y O Q A T W T L N T W
D N U F E R E V E N U E K R
S A L E S E X A T E N C I D

Solution on Page 350

AXLE
BIKE
BRAKE
CHEAP
CHOPPER
CITY
CYCLE
DELIVERY
DRIVE
EASY
ENGINE
EUROPE
FAST
GAS
HARLEY
HELMET
HIGHWAY
HONDA
ITALY
LICENSE
LIGHTS
MOPED
MOTOR
PARKING
POPULAR
RIDE
ROAD
SADDLE
SAFE
SEAT
SMALL
SPEED
STORAGE
STREET
TIRES
TRAVEL
VEHICLE
VESPA
WHEEL
WIND

Scooters

J S V F C D W Y X I Y L F G
Z M W K L N T H T S A F N K
K E O E W I B R A K E I Y V
O H E P C W F E T P K L S Z
D H E L E H S T O R A G E Q
W P W L D D O R A T A V A V
N T C E M D U P I Y I V T A
G Y E C H E A P P R Z F E X
C P L I G H T S D E K I B L
S Y Z M O T O R I V R U E E
S R E N Y A W H G I H S N J
G O D L L A M S N L N N G T
G A S R R S T R E E T F I P
W D Z E F A S R C D D R N H
A P S E V E H I C L E I E Y
O L P O P U L A R S C G R K

Solution on Page 351

ADOPTION
AQUARIUM
BIRD
BREEDER
CAGE
CARE
CATS
COLLAR
DOGS
ENJOYMENT
EXOTIC
FAMILY
FERRET
FROG
FUR
GERBIL
GOLDFISH
HAMSTER
HORSE
KITTENS
LITTER
LIZARD
LOVE
LOYAL
MEDICINE
NEUTER
OWNER
PARAKEET
PARROT
PET FOOD
PUPPY
RABBITS
REPTILES
SNAKES
SPAY
STORE
TRAINING
TURTLE
WALK
WATER

Pet Friends

B M J T F Y P P U P C C P L
S E K A N S R B L H I A A O
K D L A G T E L I T T E R V
D I A D I A D H O R S E R E
P C W O F C E X T Y S G O D
E I Y P A R E T S M A H T T
T N R T M U R E P T I L E S
F E J I I F B S T O R E G N
O N G O L D F I S H K A A E
O E N N Y C O L L A R B C T
D U I W A M U I R A U Q A T
I T N B P H E A G O R F E I
X E I O S W P N C W L R F K
J R A B B I T S T N R Q Q H
D D R A Z I L U G E R B I L
E L T R U T Z B F R E T A W

Solution on Page 351

Pet Friends

B	M	U	T	E	Y	P	P	U	P	C	C	P	L	
S	E	K	A	N	S	R	B	L	H	I	A	A	O	
K	D	L	A	G	T	E	L	I	T	T	E	P	V	
D	I	A	D	I	A	D	H	O	R	S	E	R	E	
P	C	W	O	P	C	E	X	T	Y	S	G	O	D	
E	I	Y	P	A	R	E	T	S	M	A	H	T	T	
T	N	R	T	M	U	R	E	P	T	I	L	E	S	
F	E	U	I	I	F	B	S	T	O	R	E	G	N	
O	N	G	O	L	D	E	I	S	H	K	A	A	E	
O	E	N	N	Y	C	O	L	L	A	R	B	C	T	
D	U	I	W	A	M	U	I	R	A	U	D	A	T	
I	T	N	B	P	H	E	A	G	O	R	F	E	I	
X	E	I	O	S	W	P	N	C	W	L	A	R	F	K
J	R	A	B	B	I	T	S	T	N	R	O	O	H	
D	D	R	A	Z	I	L	U	G	E	R	B	I	L	
E	L	T	R	U	T	Z	B	F	R	E	T	A	W	

Solution on Page 352

Answers

A T I P E D P V G C S N B H
V L S N W O R B R N K Z X N
A A B A A S W A A R D Y V B
U S M I E A W H I T E X K K
A O U A B Y N I N S C K R L
S E R E T R A T S O I W A I
T N C D E T S A O T L N D M
C R G D E K N L M L S G B O
J U N N C X B I L I H U E N
O O S V I L L A E O T Y T E
W L N A P S O N K T R F H Y
A F J R S N I A E I O C B H
R A T O Z H C R V S N R J J
M H V M C G L U T E N G P G
Q E D A E N K Q R G S V S X
N X M N K N I F E G X K H A

Bread Maker

G T S E C I O H C L B E S T
N S T T O H M U I M E R P N
I E R E L B A R I S E D L O
L T I G W S R M V X D O E T
R A K N G O S I P R J O N A
E E I I V A N E L I K G D B
T R N S S A R D L L O M I L
S G G S K T L B E E I N D E
S T V A I N I U S R C A T F
E S O P L E B U A S F I N C
L O P R L L O B E B S U R T
R M T U F L L L O I L S L P
E E I S U E E S U P R E M E
E R M B L C S Q U A L I T Y
P O A H T X X G N I N I H S
U F L E X E M P L A R Y H N

Outstanding

P R I A H C O P I E R D X A
K P M A L Y D N S A L A R Y
A C O A T E T K R E L C O A
E O R R S E R U T C I P F D
R M A K R E L P A T S N F Y
B P L N R Y A D I L O H I A
E U E A R N E W H I R E C P
A T S D M E M O T F I R E D
N E I I R E Y O L P M E Q S
R R R P N A M S I S P G C H
E O E A F E W S L E G A B E
D T P G D B S E N A N T E L
L I O E A O O S R N Y S G V
O N R R G N O S E S I O W E
F A T G T U A R S A H P F S
L J S S M S V M R E L U R F

Office Life

D O O F T T N N O I N O W S
E R I C E P T A E V I T A N
C T E K S E N I S I U C V A
U A C P Q E B C E T Z A O E
A M H U P F P T A C O R C B
S A I S M E X I C O T N A Y
L L L S E M P U C N I I D R
A E I A A R L I A E R T O A
S V Z S T T F L L F R A T P
C P A I U F I O H L U S A Y
M H I R A C M D A A B P M T
E A E C I M I C R V P A O D
O N Y E Y E Y L O O K N T E
S Q U A S H T C R R G I L Q
G O D U N E M Y O A N S D G
V T Z H L A F P D Q G H O T

Mexican Cuisine

C D S I D B V E S U A P R U
J O T V O L U M E U F O N K
B C O M P A C T D Z T E J E
J B P S R Q F I T O P E L O
F S T N E N O P M O C G R E
W O C I I R E C H A N G E R
F N E P F C U C D I D S V E
N Y J S I O O T S V E I G T
R Q E V L M C B A D D N S S
L R E B P C A R I E I R R C
A D E U M J O G O D F A O Y
S L T K A T I E A I D E M C
E E L B A T R O P I K S Y Y
R N T T A E L S O U N D A P
A S E L R E P E A T F R L L
O F X S F M U S I C T N P D

CD Player

M S T U C W N M M S F S N D
B B J R N P J I Y G U P J A
T H Y C I H T W E T S X C L
O D I D K N Z V L N G T O A
O C X N S P G S A A A T O S
R D H U U N P J Y L R N K D
I S O O O L R A E P D E O E
V F S R P D E I R F E G Z R
Y I T L E E P O S L N N C A
R S D G Y D V N R I E U S E
P E S A P A W I M E H P H T
L Y E L L O W O H P C E B E
B E W F A I O U P C T I U E
N S T O L L A H S I I A L W
Y L K O B G A V H S K C B S
Z R P D L I W W O R G M A Q

Onions

K O F R H Q D X M V J Z L S
T S I O S D O O W H I T E Q
C T N O G R T A B L E V I L
C R I T R T T T N A L P S W
K O S H T E A G C J U B E P
P N H G R Q E N I W P H X I
J G N I K O M S N B U S T N
K P D L S U O U D I C E D Z
N R O C A T K I N S N I G Y
U S O L A S O B R A N C H K
R F R A H T P R E D M E B D
T B A R K B N R I M H P M R
S C U G L Q D J I C A S I A
D B F E P A C S D N A L L H
L L A T P O M E U U G L O F
O F C L A G B T O K X U G R

The Mighty Oak

Y L B C E S Z L U G G A G E
J O U L A I L E F F U D L P
I S Y N W R L A L S F T A I
J T C H E C K T E D R C B H
S H E P A C K H X O N L E S
Y G P M O A T E P O C A L Q
T I Q L S O Y R G A V I H G
Z E N I L R I A W Y P M U A
S W V C W A I B W F G I B T
Q T F U T R U N K L N G R O
G R O P C S A T H G I L F T
T S I R U O T S R P L A N E
M U A I A A H O T E L S R S
H F R G B G F Z A K O E I R
T D A H W H E E L S R S K U
U B R T I C K E T R A I N P

Baggage

I L R L O O W K D S R K V U
P L L P L A I N A R T U G L
F I B E R E V A E W K S G L
M K L J M Q N U R E D N N I
B S W O M A N O H Q D K I W
D Y O F V Y N I T A S L W T
D L B A T C L O T H X A E E
E L J B N H N Z U N R H S K
Y O M R O K P T R T C A R N
D V D I S H T E S O W B O A
M E C C U L T U R E A T L L
T R E R E T N C F S T R O B
Z L O R A D J T K O I U C Z
Z J Z P E F J E C A L A S M
E B K R E Y T D E S I G N O
V S M T I Z D J E V N V M T

Weaving

O N M S X D L R R A L E Y W
Z T J F K B I T E B V B Y K
Z W M A J B X N L I Q G N F
W Q R T C J B U L L E T I B
K A O A K N A H I N A E C O
X P V X A C T Q K O R O P E
X L I E Y A T T A C K S E L
S F M H N N L E E W O H I F
Z R A C S N E F K T E A H I
Z S S V W O Y P T S L R S R
O D T L M N G I W F U K C T
B U S A I L W O U N D M A G
N A S T Y C R D L O H O R S
S K U L L D E A O D B O F I
U M A B G T N K O D G B O N
N V B O I E B A T S R O L K

Pirates at Sea

M D G D B P U L M L Z W P G
W I R E H V E P O T O O H I
F D D P L G V L U C K O O B
E F N L O O H C S X K D N T
O Y A O F F I C E Y V A E H
L M T N I N O O N N W X W G
S A S O K R F M E E E A U I
S Y T T N N U P Q C R D L L
Y K W E I G R U U D L F H L
L T R S M A N T I Q U E F C
X I I O D E I E C A F R U S
N S T A W V T R I A H C K T
V E E A E S U P P L I E S U
R R P A L T R L A X S A P D
B U S L T K E Y B O A R D Y
H I F Q X H O M E I E Z U P

Desk

M G Y L D N A H N M D E Z X
F R E X N I K P A N L M W S
C R G V G D I C E I R T E O
T V T M I W S Z L E R W U Z
J T O S S T D R C O E A Q U
O S H W E E A F E B T S P A
R E Q K D B W R A P L H Z E
Q U G L I C U N O T T O C T
C G O H U T O P B C N P T N
R F N B S Y C A R S E H P R
F G D I A A B H R J S D O E
U Y O R B L N E E O F L O P
V M A S Y B B F A N O I L A
X C O O L I U P A C T N X P
K R I F F A B R I C H E W H
B N F T E P I W O V E N W Z

Towels

L L P Y Z O X W E I V T R I
N T B R A L O S O H O H J S
O I K Y J D H N A T N T P Y
O B G R A T R N A A A A I K
M R V H R A O L T N C P N C
B O S A T R A U N E V E H O
Y R E S O I R U O C M A O L
O K S C T A L G Y O S G L B
W X S R L A N C I E N T E U
B W A N R I L B R I G H T A
S P L T D E P S R C O V E R
H D G N N O B S C U R E N B
A L I G N E C N E I C S A M
E L B I S I V S R A N U L U
B U D Q R A R E L W V U P A
P F D C C F V E Y I O X S B

Solar Eclipse

T U Y Z S K O O B D O O R S
I B Y L R Y U L R E F U N D
X W S N I E D H A N G O U T
E L E S A M E N C Y I G S Q
C I I C T U A B A H A T M X
I A K O S F L F S C S W Q M
R T O U W R S A H J E S A P
P E O P L E F R I E N D S Y
D R C O M P A R E W I I K P
A M E N I C E E R E L K I H
C B U S Y H D T S L C M O S
E L B C I A R U B R O W S E
K B E A C O I R A Y F R K I
C H A R G E N N F F F Z S V
A I A S K S K S K J E Z R O
C R O W D S S M O N E Y Z M

Shopping Complex

S T E F A N E D B E R G A L
E H S A M S W L C U N R R C
R T B U A C E U S A T S J R
V J O L R T E O H H D I E O
E B R T T D P C U R M R S L
E O I F I E L R A M E N A A
O B S K N E A C Y D E N R N
R B B Z A S D C E T D D P D
N Y E H H L O F P R L R M G
E R C E I N R U E U O O A A
C I K W N E C A E O V P S R
M G E O G S G L M C E S E R
N G R O I A I M A T C H T O
H S R V S P I N G Y T O E S
O P A S S I N G S H O T P Z
J D I R A F A E L N A D A L

Play Tennis

G Q A W P A C Y D C R O P S
T M E U E N C R I A H N L D
V E N R H C D Q B R O M A R
D B I K A H H S K R O Z N T
K A L D G O O E G O T Y T R
L C E U A R E A R T A N K E
E E I R B G N D E B T A X E
P C E H A E S A B I O T C L
L K A R T T P S U P P O R T
K I O F U A I H T B L B O F
H T O B R M X N T O W O T G
S N U S E U A G G O R O A M
D O N Z W E S Y R P O R D O
O I F O O D T G A H D T E A
P N J E L C I T S E R O F W
A O V R F D P I N R U T Q O

Roots

B M S T A R P L A Y E R R C
S B G M C I E A L O Y A L U
W A A R A R P G T R O P S L
H N W S O T U O N R P E P T
Y D E A E U H S L I O C M R
I T B F G B P L H I S N U O
D E S I R E A S E M T E S P
O W I E W V R L U T V I I P
L O T E R O G K L O E D C U
K L E S W E O D L B M U F S
M L L N O I T N E T T A D E
X O R E H L U N Q V N Z F I
X F D T L I A M I A O Q M V
E V E N T K A C T O R T A O
X U I I A E N I Z N A F E M
B U L C D F C H E E R R T D

Biggest Fan

I A T I U S K C A L S L Q M
X T N T S C I K C H R A J T
J R S O V U L A I R E T A M
M I L Y R D C O R H S E C B
M K T H G I A R T S U M K D
T S S E R P H O C H O T E I
A P J B F E O E E A R I T A
H I A D L M T I L S T E A M
E F L R S A D T E K B S E R
G T C A X A M S D W N H H E
D L C O L L A R L H X I C T
D J S B T E S U O L B R R A
V Q I A R T N L F F T T A W
Y X L C N R O L I A T L T O
D F K A U O U N Y A R P S R
D R P B T I Z F A R S V S K

Ironing

Z G A L E X I S P H H C W L
F T M S A I A A R O N E U N
J A M E S J D V O T R K T Y
U A J A H Y A A N D E O L Q
L M A Y L A L S N N H O J K
I C A L E B J A O I O R S Z
A Z I I Y E D I C N E B Y A
V R D M K I E L L A O L C J
Y E L E A J K E Y E L A H F
M L T U Y M G I O J H N H F
Z Y H H L N A L Y D C N C N
S T G R A C E Y O R Y A N A
B K E V I N G K E G J J M V
B U P K A R I A I R A M I E
D O R S A R A H Q C E N G C
Z Q V C H R P B K G W H A K

Common First Names

W I R E N M G N I K R A P W
W A G O N R O L L U A M O R
A T K O O T E K S A B E H K
L E A C O U N T E R L T S H
K K E V I D U R R N I A E H
I R U M H O S O D I N L T G
Y A Q M K O B P Z L E E A N
P M S C C I T S A L P V B I
S M E T I V C N L A Y I A D
A H A N D L E A L M R W N L
C I T S O R L R U I R S D O
L K S A D W L T F L A C O F
I E D L B R O K E N C T N Q
E D I R E H C E N R U T E R
W H E E L S T O R E H E D R
C L U Y H S U P S D O O F I

Shopping Carts

U Y F P Z S J T B N I W J S
F V A K L I S S C Q O M E W
J W S O E Z I I P R E S S I
N W P U G E R A K H L F L Y
D U A L I B O W T A I L O R
N W N V A T N O C Y H Q N E
I J T F E U L K B H N K G P
O D S K S C S M W O A E I P
N R C R S M W A T S Y H M I
D O C K E R S T C T E S C Z
P B T H R K U E U R D S M O
X L I T D B C R M O E N A P
L A M R O F R I I H S A E T
O C U F F C Q A N S I E S L
O K K T H H L L E K G J N E
W A A W R P E Q D U N G I B

Pants

U A C B T X B R U L E S D P
N I W H L I S S E V O M L L
N V Y P E N M A F U N R U T
P I E C E S R E T N U O C G
O R P K I N S Y R D P H K Y
I T O S S C E N A R I O F B
N T G X H F T A B L E S R Y
T S P A C E S O D D P E I R
S O N M M S C R A B B L E R
R C V R O E E A I S E B N O
E F I L K N N L Q C A R D S
K U R D K Q O U E I X A S U
R E L I G O A P S I O M G O
A O D C S R Q O O O B B A V
M S L E E K T P L L Q Q U L
K S M L L F A M I L Y S F T

Games

X U N D E R S N A E J P U F
F A V A V J V A G Y P S O H
C O N C E R T A K I D T M T
A F P E E H T R C N S Y E I
S A J M L S U T A F P E Y W
U B T E S U U R L P R S D K
A R T S K R B S B L I R U G
L I T S E B V J H A N E S Z
C C F A T R M G P I T J G M
L L O G O I R P R N R N Y V
O R S E U A O E O A O T M E
T O R S P C F K M L P E K E
H L S H K A I T U M S Z V E
E O I E C I N I H T U I V H
S C T U E V U E L Y T S T H
R W O R N W B W M H F Z V S

T-Shirts

O K N A E C O C D F G P K T
Y S R O L I A S I R N O N T
E R O B R A H P V I I W I S
G R A F D M C D T G H E S A
D E S T R O Y E R A S R Y M
I D R U I B C C S T I E T O
R D I W B L I K W E F N A T
B U V I E M I T I R A M N O
W R E E X R A M T H E S K R
A T R N S N C R C S K S E E
T Z S T C S A R I G E E R N
E Y A H L V E U A N N I E I
R O O O E M R L I S E K A L
B R O L T C L G S T E R N L
P P M U B E N I B R U T Q U
T H C A Y E G R A B O Q C H

Shipping Out

O L A C R O S S E C N A D O
D L B T S C I T S A N M Y G
U A A R C H E R Y B G U R N
J B E Q U E S T R I A N E I
G T M W R E S T L I N G U M
N F N I G R B O A T I N G M
I O O G N L L A B T O O F I
N S T N I E T F A K B L G W
N G N I C A R E S R O H N S
U N I T A D H N K E W T I G
R I M O R I O C E C L A L N
O L D O O N C I T C I I C I
W R A H T G K N B O N R Y H
I U B S U K E G A S G T C S
N C L L A B Y E L L O V S I
G P B A S E B A L L G O L F

Sporting

L E U Q E S L G S B H J S S
E S H J D I P N T R C N R P
X I O R G O A I A O R J L R
T R A H P F U B R T I O C O
R W T C E O C B S I T Z R P
A S O O T R T U L D I M A S
S R G E G W U D N E C U C T
N N F N N A C T R E S S S U
T E K C I T F A A C T I O N
A F L O P T W F M E L C Y T
E M W N O H A N E E F A R S
M R A B O M B R P R R L E D
E O N R L F R A M E S A T A
H L R E D Y R T P I R C S E
T O V R G T N C O M E D Y L
R C X E Y R C P U E K A M Y

Silver Screen

C B X N L O S Q J N E W J R
D O C O B E W F X C U T E K
L O N L C D I U R N A L N R
I Z I L A M M A M K Q M I A
A F K A R M K A E F U W R H
T S S M N V S Y W I A C A S
L H L S I L S A R S T B M O
E V I D V T T A A H I E A S
P U P S O E U S L T C O N K
W K P N R Q P P A C I F I C
P R E Y A E L T S N E Q M O
J C R L C M K E K G W N A R
K U Y I P T A S A T A O L F
F D E T N U H R I E H J R S
P S H O R E O Q C H C A E B
D M O V R F D O P A W S K Y

Sea Otter

Z S S H O W F U W Y P T W Y
Y Z G E T R I C K O M N I R
B T N E A T H G I R P U Z F
B H E M L T I N U M L F C Y
O S E F F A R I G A K H Y S
H T D I A D V N V A A S C S
K U A Q G S F I Q I U U L L
S N R L L H T A N N P C E L
P T A Z L S T R S R M R L A
O E P R E B R T A R A I J F
K O D F C I A C E E K C U G
E Y S A D B T L L S A R G C
W H E E L I D G A I P X G C
Y V R E C D N Y S N W O L C
Z B I E A I V E H I C L E E
D L T S S Y O T E M L E H G

Unicycle

A M D S S I X A F Y M P J E
E B R P T U L K E T E M O C
S A A Q I D N U O R T O S R
M C D P Y J Z J I I S V P O
E W I F O L L O W N Y E H F
W J U M L G D T H G S H E K
V G S S L N E L C R I C R R
X D N C U R V E N U T P E N
D E S O P N S R E V O L V E
O B P C I P E Z Q Q P R T W
G R A V I T Y V C E T A R T
Y I P L I S O E K Y T T O O
H S L P Y O Y M A O C S C N
L E U P G L V H R R K L K D
G J T K C A R T P L A N E T
Z N O O M R M X K C P A T H

Orbit

B W Y K L B C D R O F X O M
Y I A W L D E D T H D I C Q
E N L W A U P D D L O H A A
T O P L C L A X U F A N C K
S R E E A A S Y J T A E C M
V D S P L B S T Z C S E D G
U G T A N F O I O G D U Q C
N E Y E S N F N N W N Q H J
D O M I X E D U G O S I U V
R R A Z Z A O M H L P E K Z
A H A N D C S M D S L G T X
C Y V W Y T Z O A B I D E H
V W N H U K U C A H T M B M
M I D G S B U T R I A P Q B
I A W F L U S H I G H G N V
O N W E V I F W V N W W W K

Poker Games

R S N U G R E T A W X B O X
A S O G E L L A B E S A B Y
T B V O L L E Y B A L L D L
I M O T O R C Y C L E S O O
U S C S R E T U P M O C L P
G K Y C O W R A D I O R L O
V B G O S D O R Z L Z A S N
C I A O T N N S L F Y Y C O
H C D T V H I E K S U O R M
E Y G E D U C A T I O N A L
C C E R O T S A R N S S F R
K L T M I G T S E T I K T S
E E S B P I A N O B H N S K
R S L H O S E M A G D R A C
S E S N D M O D E L C A R A
B O A T S E T A K S E C I J

All Kinds of Toys

D N O L C C M D A D P F J L
C A Q U A T I C L I F F P O
O S N V V S N A T U R E O W
L P E K I H E W N E E L O H
D R E K N A R I Q N T R E W
N D R N G F A G E O L O G Y
G A O K I T L H C T E O A W
D N S L N N S F N S H M S S
T L I U O P G R A X S B S S
I U O V A M N A R O R X A U
L M N C I Q I C T N E D P R
K A E N Z L W T N K I J M F
E E R B E A A U E I C C A A
R R A G T L R R S E A O D C
C T M E E N D E X P L O R E
W S R H Q O T T O R G L W E

Inside a Cave

H S R O T C O D E N T I S T
C U A G E O L O G I S T B E
A R R E R O T I N A J S U S
O G T D R O L I A T E I T R
C E I I R G J W I P G M C U
P O S T M A N A R A D O H N
R N T O C U F I O C U N E A
E T C R A T B T T N J O R I
T U A M S H I R S E C C E C
N A R E H O O E I M K E Y I
I N P C I R L S H R A R W S
A O E H E O O S T X E N A U
P R N A R E G A N A M K L M
Z T T N Q D I E T I T I A N
O S E I X T S I M E H C P B
U A R C H I T E C T O L I P

Get a Job

N A P T C R Y A R G K G K K
Z I S N O I R U O L E A D J
I B C K P A L K A L I N T T
G U H K P R E C I O U S S N
M I F A E T W W L O B T U E
I L E Z R L E P P E A I R M
N D R S C D J M X I E N A E
E I R C P H O P N B M T A L
S N O R T C E L E D E H S E
N G U E O N E M J R L T D Z
I R S W S S G G I M T G A N
O A O I S F O A U S M N L O
C R V R E V L I S Z T E L R
E E H O H P D D X I A R O B
V C A N S O M A G N E T Y S
D X I K S H I N Y C H S B D

Metal

E O R D G F R P H U M O R K
X C E G R I N W B S I G T N
N F L I R T G O O D A Y N U
I A P I C T U R E V O L U H
D H O P L E A S E D J D F Y
J M E D H B R A C E S N K D
O O P I E G N C O N T E N T
Y U H M B N U S C C S I A M
K T O P K G T A H R K R N B
N H T L S G N I L E E F A G
H A O E A E L H S M E A F M
A T C Z R D L A A T H P S A
M A E S R P S C I P C L P E
F P D E S U M A S C P A I B
W W N Y T L V L X U O Y L X
D Y O E K A F K R I M S A J

Smile

H Y R T N E E U Q K O X L E
O C O I P N B S R K O T L L
F U A J S S E N R A H R U X
R R D O O R E O A O C O P A
W E Q U C P N G S M H F Q E
V H C R O G C A U Q T M U G
M T E N K M L W R E T O K C
V A K E A T O I R A H C O N
G E W Y L G S F E M R V M F
G L H O H L E S Y T E S N B
W X U I D O D L P R V E I A
W H I P C N O B E A I F B B
P N S G E L I D O V R B U Y
A G N I D D E W P E D G S G
R I M Y M S I U L L G K G G
K L R O Y A L R E Y P Y Q P

Carriage

N D L Q O E D I V E G P F Y
A S H A P E L Z Z U P T I V
K C A T S D T S O V I E T H
L F C I M A T R I X G T W P
G U G U O C S S Q U A R E L
N N S C K R E T U P M O C A
W I R C D A T A R I E M X Y
C E O I R A D D I C T I N G
U L W S O D N E T N I N I E
B P S S P M Q Y P E P O P T
U O R A E L C T A L I E S A
I P O L Y O M I N O E S P R
L U T C T L S V N S C V E T
D L A W I S H A Y N E M E S
Q A T N U U M R I O S F D L
E R E R O C S G V C O L O R

Tetris

X Z P C P Q A V D V G M G Y
R S L L O O H O T E L A R G
I F L B D O O F B S W E S Y
E B O G L W P H O S W O H W
K R R L A R G E U E I K I M
P O O G C I T O R L G A P T
O W U R A I N B B O G O I D
R N N N Y H T D O I V N C H
K T D Y C N T S N T U A K S
B S Y N U F Q G A E J U L I
Y C A O K U E P Y L Z R E F
M R M C D K E W G M P R U B
H A I K N C H I A T O E R M
O T I M Q D C N S T L E Y K
Y E N L L B P E S K E I I K
J P F U U B B Y T B H R D W

Barrel

C Y G D G H L C J D B M O C
A L N R N N F O A I G Z A M
E D O I T A I L G T W R R B
J B R V S T R E N G T H U C
A G T E E N I V O B I L I Y
L J S R A N C H L H L N E P
C U F W E R L L I T S E G N
L Y A O H W E P A I R E N Q
H D O R B A O E R H L G I I
H Y S K Q G L P T F A R D M
T T Q M E O P H L S P A I M
O N U D A N E X O L H L R L
D X T D P L R I E O U A O L
P U P K M A E T R A F P V W
N L N L B Z K N H X D E P F
C Z X Z F W R C L A N T S A

Ox

H C N E B L A N K E T I K J
M X B D P R E T L E H S Y M
Q O I G N I M M I W S E W Q
I B K E Q O G J O G G E R S
T D E O G H P E J N P Q H P
A N R N P M O U O L A A M L
B A S A O J G P A N D D A N
L S E C O G I Y S E S W E E
E S M U L B G S P C N V R R
S V R E C R E A T I O N C D
S G R E O E C T R N C T E L
A S N U W S B R A D A N C I
R Q N I D O K R O K E L I H
G D S N W O L C A S S N P C
D G A M E S Z F O B E Z A G
L L I R G A P E D I L S C B

A Day at the Park

B J C B S H C N A R I D E W
O D O O E D O R P T U K N J
X G A C M S W L N A A R C Y
M P N K K F B U C B R O W N
H T R I G E O F A O P T N O
O L O Y T M Y R N O B A S P
K L B L A N K E T T U E D G
Q D W O I O U Q L S C S Q V
K E N G L I S H E S K C A B
S C X O A H L L E E L Y T S
T E A Y M S R E D N E F S G
I D L T I U L M C R I P M C
S G A B N C A M I A A U D Z
Y O W Y A R E O N H M O Q K
V R S S D T O P C N I E R E
G S S E O H S H H L Z Q L S

Back in the Saddle

Y N D K X K Z O C T L B F G
E L A U T R I V O W R D S S
T L S E T O N E M K P N T L
I O C K L W V R P N O E E B
R O J C Y C N H U I E C N M
W H L A M X S E T L T P G A
Y C I L Y R C A E U L L A W
C S T B X N T D R Y Q B M K
I M S N O N T E C A F R U S
T R E S E D U C A T I O N D
S V S S A D I T E A C H E R
A E E B S L U A Q J W I G E
L R I D E A C T G C O L O R
P Y S S O L G E S R A R T A
L R O F F I C E L T A E P S
X D E T I H W H T O O M S E

Whiteboard

B R B S U D B M C H I E F V
S A E T B U I S W A T O N Q
I D A A S T Q L R E D R U M
R I T T C Y M P A R T N E R
E O L I A J P C R C T D G O
N R V O W R S E E Q I T D F
I D N N I A T P A C C C A I
G E M S F S S F I Y K A B N
Z R O E L U E M L R E N A U
N N T O S N O I T A T I C G
D Y H T X H E C E L R N A V
N C R S F L E C N G A E D M
Y O Q E O T A E G R F G E M
P F S R O M O X A U F D M D
D W A R R A N T R B I U Y J
R P P A A L A P D J C J G X

Police Work

O P G G A Y S E I L P P U S
D Q M A U T O M A T I C M T
L E U M D N H C L I P A Y A
O V M B U S I N E S S V S P
A B E M X N M A N U A L A L
D U L L A T E M R E B P O E
O L E H A J Q G H S E U B C
C L C O F F I C E R V S I W
U E T T A C K L M Y K H N O
M T R O A E I T B N P S D R
E I I L G F C K O E U C E K
N N C R S E Y M O T N H V D
T Z A V N H T L K S C O I P
O L J N I P E H L A H O C X
O F O Q O U B E E F T L E Y
L C A V J J J T T R Y N J G

Stapler

L P E N J C H G C N Z V I Z
A T O E I V O M R A S B M E
N P D H P R O W U H R I B L
E R O T S R P H E I D T W I
V P W L R A B L D D D I F G
A I N J S E V E L Z D A V H
U X W S T E C E S E C I T T
D C A W S L C N G T S A N S
I G E E O O R T O R P F W G
E E A N U E E R I C O M A M
N T G R T C Y A E O M A L L
C L T A A E H J D T N R K L
E S I P A C R U E E A K W O
B L S N U M B E R C L E A R
H M E D E P U Z W C P T H K
F X Z T O F S W U S H E R T

Down the Aisle

F D T O K S M O T O R V S H
T E K C O R E E N I G N E A
O E L G R A L P J S Y A X R
R P E Y R E T T A B T R H S
Q S P R C G D I U S Q M A E
U N O T D K R N T R E B U V
E O R R L C A I I C B T S L
T I P A I O R M H L J I T A
C S H C I L U A R D Y H N V
O S H K I B N C J D D C N E
O I A N Z I R H D E S O E H
L M G G C E V I R D T N P I
I E W S W R E N L S E V A C
N U R O O S R E I R A E R L
G K P I E U U P G Y M R T E
W T H L B F I Y B E L T S R

Start Your Engines

R W Z P N G I S E D I R B C
W M E T A L G R O O M C J Y
V J U D M U I N A T I T B B
U E D R D H A N D O P U E U
Y W A N P I B E L C R I C T
Y E B P O R N A M E N T V N
W L A R K M E G P R Z H R E
O S N E S D A C G E M I V M
P C D S T E V I I M A I S T
A L F E E V Y S D O S R P I
L A A N R A E L T N U R L M
B S S T L R O V E Y O S F M
O S H G I G T P O M L L U O
X W I R N N X S I L V E R C
O F O X G E U S E T T I N G
T D N U O R E M E R A L D L

Rings

R A P P E T I Z E R S A P R
Y G R A D U A T I O N E E G
B I R T H D A Y V N O X N F
E T N E V E R H I P I I U T
S E N Y I C B V L M T D F E
I A O L T O E E G A A R C E
R P I I G R E C E P T I O N
P A T M S A A S K R I N C A
R R A A F T T P T J V K K G
U T R F O I R H K F N I T E
S Y B Y O O Y E E C I N A R
T S E L D N A C A R O G I S
S C L C I S U M S M I L L E
E U E H A L L O W E E N B M
U T C H R I S T M A S R G A
G R O U P B A L L O O N S G

Throw a Party

D H W O M F J U T E G W H E
T L Y X T L L Y H N Q Y L P
A O P S A V F L I A S L I H
R J I W X I E W C P L O N G
R L H K B U S O K F U C E F
K I S E N M S I T N T L K M
P N R W M L I M S U B O L H
P O O L X P E L C A G T N H
E F O Y O B W O C B L H D K
T R R C A A L A I R E A R B
A O O H X R L W L I N D O A
C D W C L I O C Y D G A C Q
E E I N N L E E R G T T B X
R O S A F E T Y C E H I I M
M R M R R N O F A S T E N L
R I D M D B J U M P M E D U

Ropes

V X A D V E N T U R E V I L
E S H I D S V N U F P M Y S
G L L A R G E V E H I C L E
T G I E U S Y A W H G I H R
Y Q P B E L T L S S C L E I
B H L S O P O R Y O X T D T
J T C A P M O C E P N F I Q
B C O M F O R T N A E A R K
I W O T D Q L V R R M M L C
T S H T C R E Y U K O I O U
H H U E X E I E O G H L A R
E O I C E T S V J N P Y D T
L W U T T L U L I I L G V D
D E B S C E R Z R N P R A C
H R F B E H E T Z W G O N S
E L L A M S L E V A R T D X

Travel Trailer

A L M A N A C W E I V E R D
S I T F L E H S E R I E S R
E S E J O C A S E R K B S A
G B K C X O P H E P Y O P M
A N C O I P T F M R V O R A
P G A O D Y E N O I P K E U
U N J K N R R T O N A E F T
Z I E I E I S Y F T P N A H
Z T G N P G N I U I E D C O
L T C G P H C D S N R S E R
E E P B A T T W E G B L D O
S S E N I S U B D X A E I M
R E V O C D R A H C C V T A
F O N T E X T B O O K O I N
L A I R O T U T P E C N O C
L I B R A R Y E U S S I N E

Book Lovers

K S K E X H I B I T S Y B G
C O N C E S S I O N S G U A
O S S O T N I O C I S U M M
T S M S N O W C O N E S P E
S A A G R I C U L T U R E S
E P E N J T F U N H S Y R N
V E R I G I I O U A D T C O
I D C W B T V A C N O P A O
L I E S R E C N A D O I R L
I R C I L P V C R I G C S L
G W I T R M N D N C D T C A
H I I I N O B B I R E U L B
T E Z G T C H E V A K R O D
S E J T P I Z Z A F A E W O
S C O N T E S T L T B S N O
G C S E C A R O U S E L S F

Fun Fair

L A Y O R E L L O R M P W Y
L A U N A M F P R I N T S Z
E D H N O I T N E V N I K C
T I K E N I H C A M O B S I
T N S G B N O T G N I M E R
E G E A L P H A B E T B C T
R R D I K C O L S P A C R C
S R A R J X A S D C T Y E E
R E N R U T E R K I C K T L
E H T A M N A S T Q I W A E
B T I C I O P T W R D Q R S
M O Q S B A E E T S I P Y T
U R U Y C V R S P E E D C A
N B E E I T W R I T I N G P
S K P L Y K P O R T A B L E
T N O F F I C E S C H O O L

Vintage Typewriters

C T H W H C O E O Y B Q P A
T G E E G N O P S R N O S H
H E S W A T E R I R L O T N
R A P J C L T S D I R T A G
U E R O O E T O S A D D L E
S H A N K L L H O R S E L N
H T Y C E X F D I T U S L A
R M U B C S K I N Q P L S M
P B O M Q H S U R B E N M R
D R T O I C L E A N A T W D
U I C C R C C L I P S T O Y
M D A A U G X H T E E T H C
M L P R R S S O A A W A S H
I E R I B E E O P N I J H C
R Y A K C A T F W T D L V M
T H O X D K M Z Z X F I D W

Horse Grooming

Y O E H W C H B F L F E O T
K T N R R E I H S A C Z V J
W Y I K E G E L L O C E L H
C N D L G T E F F U B C S O
O A Z Z I P N E H C T I K V
V L N E S C M U F O V F C G
E P V T T E A Q O F T F A T
A P C A E N H F O C O O N Q
T M O O R E E S D T O C S B
R L I Z T I N D I D A O A W
A I S E R V E R U D S B K N
Y S A L A D E T B T R P L P
H T T H U N G R Y L S I U E
B A W K C I U Q O A I N N C
U L L I N E D U Z T E V C K
Q L K L I M D O Z M S V H M

Cafeteria

A X V U H H Z M L H W A R R
R A N G E N E R G Y V A N S
M I P A S I G N A L I V A T
Y U M I S S I L E N N L H O
P R F O N M B A T S O N A R
S E U T M G W P O L I C E M
P N S A S E L O C A T I O N
D H J L A A M S T E A L T H
N T S T U D C I B L I P C B
E C H I Z P N E I T V W E C
E E I T F A R C R I A P J M
R T P U E C H O N O T L B E
C E P D O P P L E R F A O T
S D I E E R U S A E M N R S
T S G N I R A E B T F E C Y
H W M A N T E N N A C S G S

Radar

B H H U S K Y S O U N D L L
E U U S E C U R E L B A T S
E N L N S E Y T N E T O P W
F K K K H E A L T H Y O V O
Y D I F Y K L B R A W N Y L
W U N O S N S E D E G G U R
E R G R U N T I R I N G G O
N A N C O R O F D I L O S B
I B I E R A U H E F T Y A U
S L R F O L T R A W L A T S
T E U U G U Y D R U T S H T
E V D L I C F O R C I B L E
A I N A V S C A P A B L E G
D T E T G U I H C N U A T S
Y C F I R M I N Y T H G I M
N A B V E N E R G E T I C D

Powerful Words

E G S R I V E R E W O P D I
B L E V E L L S S O U R C E
W P B A S I N I C M I R N D
N O V A L L E Y P N E I R I
T A L L T X J I K A A O T V
H S I F C O N S T R U C T E
D F S S F G P E T G O S Y R
S N P W Y T D I H N I E Y E
Z A I I T B F T C I L R L W
I T L M I I O R M A O V P O
P U L M C L E A N T R I P T
W R W I R T D B T N T C U D
A A A N E T U R B I N E S E
T L Y G R O U N D A O K G E
E R O T S T R E A M C A I P
R T K P P S S W W E L L Q O

Around the Reservoir

O M U W L L A M S F O L D S
T N E M O B Y T U T O U R T
O O A S R E H F Y B O C I U
H L T O N E L O T S L L I B
P Y W O H A N D B A G A S P
C N M E T O Y G E B E S C T
I C H A I N D W I S S P I K
R E V H R T B W R S S D U L
B G S C E R C U R R E N C Y
A A A K E O P L J R N D I L
F R C A I J S E C F I T R O
D O S Z C E L A N O S R E P
P T N P L A S T I C U A D A
I S I P N N S H Q X B V L N
L N O T E S N E C I L E O T
C Z C V E L C R O T C L H S

Wallet

O T A N G X H H C I R I H C
C D D O P L B O S O U R A D
A C O D W B L H T U O M E A
D D O R A I A E Y S O K C R
N Y F E B S N N M R E I I M
H H R V I T D E A S C N P T
Y Z U R E M I N T N E C S E
T G I A E A L L I N A V H E
A A T E N H A N C E I C A W
B R R P Y R C F V N E A R S
R L X T U L V I E G S U P T
B I T T E R T G N V R A A A
E C A M A I A A D Q G A L S
P N O G D R R E P P E P P T
Q N U D N O M L A G N F D E
L S A V O R O X G G V F F C

Flavor

S T T A W P O W E R E B I F
S W I T C H L L S Y N Y B R
A O S T J C R U T T E G A A
L A C P R E O E G H R B I T
G N C K M E F R B O G A O S
X I S I E A E B D L Y I N T
K M T L S T L G J I U H R D
S A E X U I N T W D W B S B
G T S P N I I E I A O A E I
C I M K R U S O M Y H T R L
Q O I T C U U P L A S T I C
C N S R O T H G I L N E W O
G N I H S A L F C P G R Z L
Y C L I U N R F U S E Y O O
L E D Y N R E K C I L F L R
H E G A T L O V U D C T R F

Christmas Display

P Z V O D K A B B O O Z E D
T S I E S P R E S S O U O A
Y E P N K H C N U P Q X Z P
C E G I N G E R A L E V U P
Y F K H R Y F S U C W L O A
R F H S R I T P I H I E S R
S O C N I I T U S A J M C G
L C O O S H J S T M S O O R
I I O O R O W K E P J N T O
V D H M T A C C A A G A C G
O E R A U O N R A G E D H N
V R M C C R K G E N C E H E
I O O N K L I M E E G O V C
T A B S I N T H E A B O L T
Z W I N E L I M E A D E C A
S E G R A K I L I Q U E U R

Have a Sip

R D S S T A T I C L I N E S
H B U L B H I E T L O V N H
M O T O R M G N L Y O K I O
H G U L P A O I D T P S G C
E U R S C G O L L U U P N K
A Y G R E N E J U R S O E N
T B A T T E R Y G O I T R M
U T I L I T Y E S T C E R R
X A P P L I A N C E T N O Y
T F M K K C O U T U W T A H
N I D P U R D N P I S I O C
O E U R T N E M R I M A U T
S L P C O R O E S M E L T I
I D E C R C P E G A T T A W
D L I U H I R P O W E R G S
E E C R O F C S O U R C E S

Electric

C V S L E Z O O E G K L V S
V V P A P I A Q H U M A N U
X U I R A T N E M E V O M I
K Y N E H F A T D H D V C D
X D E N S I T Y E N G F S A
W O K I T B O Y E R J N H R
G B O M E U M T U L N A O Q
E M R R R L Y U A C H A U L
L J B A N A F Z I D O O L B
L O A P U E T S A C S A D N
U I R W M S C A P U L A E E
K N K U U D K E P L A A R C
S T R O N G L P E H M P C K
K I R A R V O T I B I A U L
B O H S I R A P X K N E E S
P O D C T P T F E M A R F P

Bone

X D F U Z B O D O V J I K V
M C H G B S E O B C H I L D
O K I F S E T U C Y O A S A
F R T D F T N O M D M Y S D
L E M I T D E B R A E M Y D
K D O F L D C K Z Y M O O Y
U W T E W B I E N C J A T M
P O H I E U V A S A F E T Y
J P E S F R D H P R L E W O
R S R Y P P A H S E W B I B
G U E E X F A T H E R V N K
N B E L N L I T T L E S S U
Z L I O T N F Y R G N U H Z
S I H R K T A U B G Q C O H
A U J Y T N A F N I R G N E
F A F X H H Y R C G Y S H H

Baby Words

V A L U E I B R O K E R Z S
I E F D A O L P V C E Q D E
Y T I U Q E T O D A R U R X
D I X S T I L N V S U O U A
E C P E O U U E T H T T H T
B K G N M O R E C S A E F I
T E S E P A K E E O M S T R
R R R M G R I V S Y N R E A
A N O E A R N I N G S O M L
D C S M Z I Y H Y N H O M L
E S I C R E X E S I E L U Y
R A V L R C O D E K A F L L
S P D O M A R G I N S K P H
C R A S H L P I N A S D A Q
M O N E Y L G N Z B E X X R
W R I S S U E G Z R T U P I

Investment Jargon

C A E R I F K I D S C Q J N
B P M A E P Y M R H A B W X
C M S B L E T R E R T L A Y
X C S S P P B E L K C E O R
K K P S M P S I O F H C C C
I W G E A E Z Z O E O H J I
U G A M S R V A C G R I L L
E T F A S G G R S P U C L W
Y J U L K A E B A S E K O C
I C P F A M I L Y D T E K N
E I Y R E E B A S T I N G T
T D Y U T S R N E R P O A N
A M U I S N E K V S E A B N
D Q A T A U A E I A P B R P
Y X W C O B D T L L Q O M K
Y H Q R R S G N O T C A K E

A Perfect Picnic

P S L A U T I R I P S L O W
M L I E Y H R E C O R D S Y
E A A N A R A E S N M Y H E
M C P Y G D T R C Z Z A J N
P O C I L I B N M N G D S O
H V S W T O N E U O O U N H
I N T K O C H G L O N C A P
S E N E C R H C M L C I I O
D W E S N O K I N Y Y O C X
A O M A J O R S C A L E I A
L R U D N A B U O A L I S S
L L R N D R U M S N G E U H
A E T E N S E T O N G O M O
B A S S G U I T A R Y S D U
V N N S H A R T I S T S P T
E S I N G E R S T N A H C S

Sing the Blues

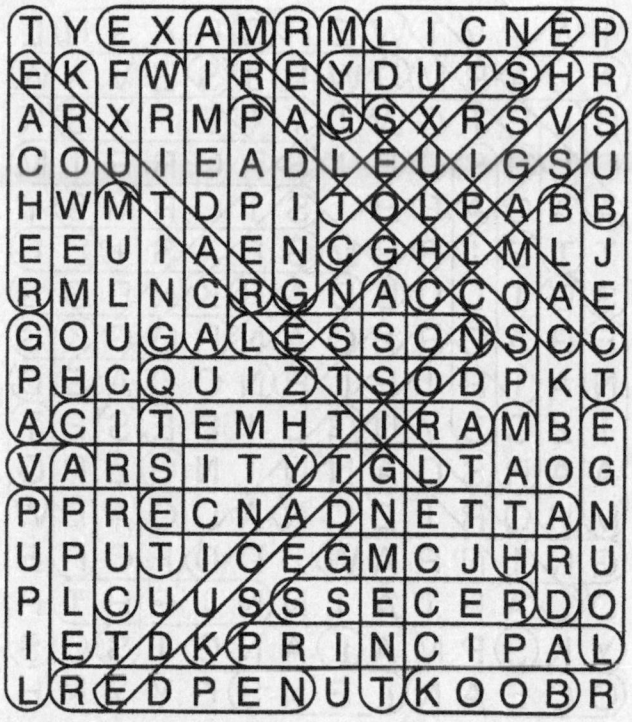

School Time

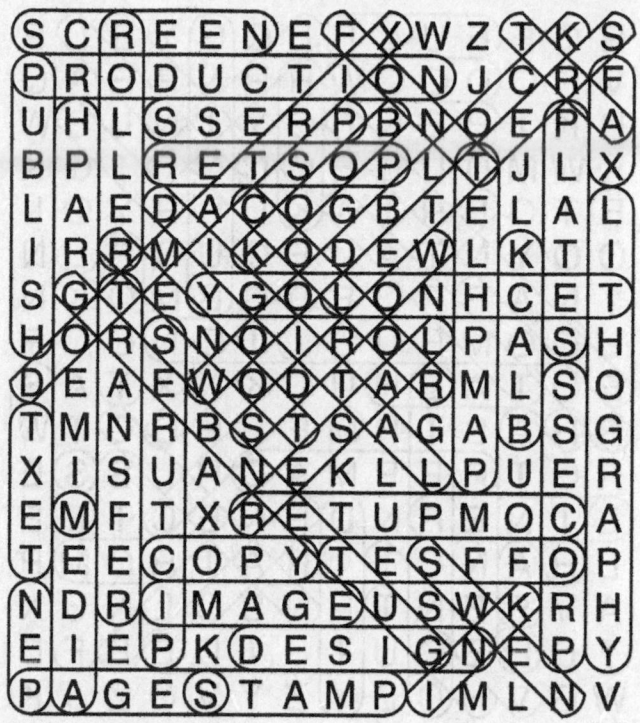

Printing

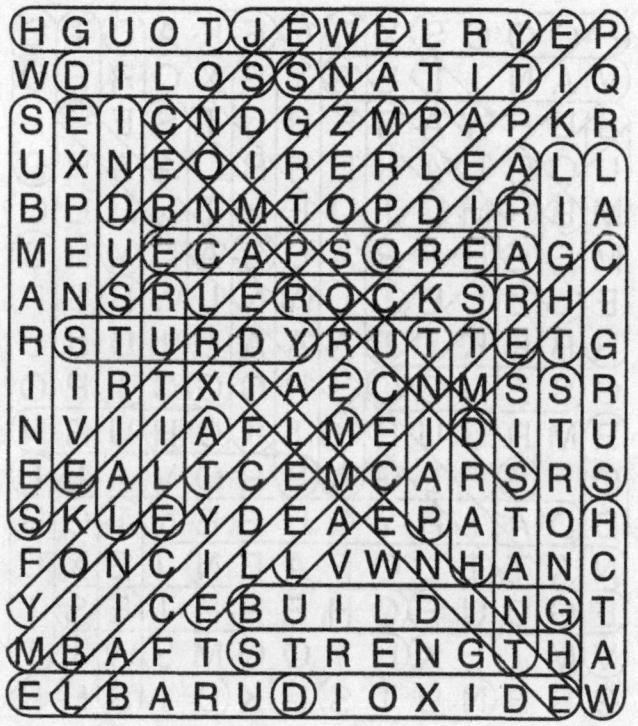

Titanium

Part of Your Car

R C E E U L F E Q G Y B L E
V P O D O O W R R N R E A Q
R K I B E N F O Y I N L S W
K W M D U U E C C N F T G K
B T Q E R I W K U R R Y O L
O Q Y N T A L F Q U Q S L N
I N A F R O F D C B M O K N
L C O M B U S T I O N O C R
E O T A E H U O K N X T A S
R H A S T R M E E H G C T W
R G T R E P M A D R L S S E
L I N E R N D P N E C T E E
L H A N C T I R A T R O M P
A V S E N T R N S C L N U X
T D H E O U T S I D E E F D
W G V H C B Y Z Y V O Z J K

Chimney

I W L V T W E R C R A S H L
A L A R M D W L J S E V A W
B L E T G W I Y T E F A S K
O L H S C F I S R O R R I M
A A O A F H I S T O R M S Y
T T E I R R M S E A S I D E
S D T L U B D A R K N E S S
E R A O R X O A N R O C K S
N A T R I E L R N O C A E B
I Z O S Y U G U I D E S E T
A A R S C A N N I N G L P O
M H O R I Z O N A D O A E W
G N I N R A W Z D D F O R E
O C A P T A I N N I G H T R
Y K S P M A L A N G I S O S
O C E A N L E N S E Y Y N H

Lighthouse

A V O R Z M B B Q E L I F Y
P C U T M E S A T O O F A P
D C R H D L R E G N I F K Q
S H R Y A T P A I N T U E A
F I Z M L T X T C E A B T N
R P M J B I A F F X X E A C
J A I R R R C P L U N U L A
M T R T E B R O K E N A P C
C O T K A D T L Q Y W G O N
H E S I K R E I H T L G U T
J P P H T P T S G R H O R S
Z O J O E T I H W I Y A N E
K O O Z E I B L U D D W N G
B R L H F P N S C M O L J D
C M V F K S H S M R B L D I
O J W N M T W S G D G B Q R

Nails

P O O C S X B C E K A C T C
V A N I L L A Y P X O R E O
S B R W A R K R U T S E B L
U O O L A R E R R O A A R D
M B R M O T D E Y T N M E Q
M E E B F R A B S A D Y H S
E L Z L E T L W N L W B S P
R B E K I T A A A E I U S O
G S E N O C S R C G C T P O
R M R U U P K T K C H U R N
O F F P L G A S R O V A L F
D D A I R Y Q U E E N T G R
N A T I L O P A E N J E X U
E G D U F C H E R R I E S I
V M I L K H T O O M S W I T
G R B N U T S U K D I S H P

Ice Cream, Please

T C A P M A T S Y E I O S S
E G A R U O C C G T Y C T O
A S D E C L A R A T I O N S
P O M Q F R O X R T I O M C
A V M V C E A E I R I A O F
R E O O G T B L T T D N K Q
T R M G I I O A U A C Y C L
Y E N O L P P T N O T S O B
D I N V L L I H R E K N U B
K G A E H T O D N A L G N E
E N T R S J E F F E R S O N
L T I N D E P E N D E N C E
T Y O A U T H O R I T Y R F
T C N N L O Y A L I S T S L
A J A C O L O N I S T S Y A
B X L E X I N G T O N S B G

Revolutionary

E U W L R E T A W O D E Z K
M V G A I A H I D E E L O E
Y R I R I S N A E B P F X T
L L O R D E B I S C U I T Y
W P A O D I R G E A T R O R
E L D C L H O B R N Y B S Z
S N A E J E N I T Y W Q S U
B U N K T R C L E O L I A J
K E O Y R O O T C N H G L H
S L C U K E Y S T R O F B C
H T A D D R I O S B R A W L
B T B O U F E N C E S O Y U
G A R O L J C J S T E T A G
A C N A O E L D D A S A T M
Z Y N K F T U S R U P S A J
G D U H P U S D D O M G D X

The Western Frontier

L L A H H T I M S M G L S Q
T C N A S M A D A E A T E R
G H A R B R O W N Z R X O E
N N G R T U S C X E C B T K
O A O I T A J I B D I M J L
S P N S R E N O V N A O R A
K A M E L W R D S A H O O W
C Q M O E E L O E N D R L G
A A P O K R N L S R U E Y N
J E M R H G G O I E S W A U
Z C A P N T N G S H N O T O
K P X I B P U W I L S O N Y
B A K E R E N R U T V Q J Z
P E R E Z L L E H C T I M O
H G S M A I L L I W H I T E
T T O C S A A P K R A L C F

Common Family Names

Q D L I S T E X T R S I D F
T I A D D I T I O N E S R T
E R Y Y Q Y S W R C N U J P
B G E Q R U N Y N F I L E F
T M U S T T P A L T L V C K
L J S O N N N T M A A E E H
A K L E S I U E O I N B L H
L H B H F W F M T T C A L Y
D O E X P O R T B R A N G E
A E O I N N O T S E O L W R
T U I T B M M T R C R P Z E
A L H F N U O M E O L N M C
P A P E R L D V D R P A E I
E V A C P O E G A D S E C F
Q T R A H C L F E S W B R F
X R G W O R K S H T A M P O

Spreadsheet

TOWNYEKRAPAVED
PATLASCHOOLKHE
NGISEDAORLIARD
KPTBXVTCARTSBA
EZOHOSPITALYRH
YLMOUNTAINKTOS
GXTZSSAPMOCNTD
RELIEFLACITUAN
ZLDLTCHAWIZOUE
LAEKDSNITETCQG
ECGITYIAGISYEE
VSRREVIRTHPTLL
ATESLOBMYSWACU
REELFTROPRIACO
TZSHIDEDIVIDYI
DIRGOMHTUOSPAM

On the Map

YYRTNAPRKLYZBC
CNREPPEPLRDDYS
RHBWDCCPIPOFEL
CHAAINLYMLOFAR
JREDKTECUAFDSO
MRANSEALSTLHTX
BIIGFRVHBENEVO
OSNQUBEUUSLAJS
OOCLNSRTBLSTTP
TAHRNNUOAUTPAO
JUICEROMIRHOSO
ATLRLSLMELGHTN
STLASNFTSPICES
MMTIURFGRILLDQ
AJWWHISKCZZPTR
ECUASBTQQYYHAO

The Kitchen

MZCTBQVGSGELVK
OEUISLWOBHPNJH
URTFACTORYATYN
NTHAGNIMROFPRR
TTAILSTOCKKGEE
JELECTRICNSETT
TTBOIDDOJUVHTT
FALPPUTEWROAOA
ATAECSWHSLXIPP
RODRDAETVISEMQ
CREATERFSNGAON
HOETLALVYGCNTR
UHSOPDSLIHGIOR
CDOREDUCINGPRY
KTOBROUNDRGSDC
CNCHISELPJDOOW

Lathes

DLFMEAJHFEBMBH
YHSPRAYDYIAKRS
NPEEVILOELRESI
ASTAPRHOVFCEOF
PLANTGOFVIRGIN
ZTFUUCRVPPECLA
ENSTOTKEALMOND
DEKOMSRIALONAC
IMKLYBVITSFSRO
BAKINGCTTCEUER
LSPGEFOUWIHMFN
EEQHKHDNRMOEIP
HSJTCCAOBURNNT
LIQUIDLCWOLLEY
CZTYHAAOMIJIDR
LTHICKSCSLDZWF

Cooking Oil

I Q B M P L L I M P U L P W
A O Y L E H L A I R E T A M
X R Y R E L G N I P P I H S
B I D E T A G U R R O C G S
N G N F Z S C N U G B Y U R
R I I I H S U H I K R A F T
F D N B R T C D E S O A X R
U E A E S Q G W N D W J D A
F T Y R P R I N T I N G E E
D A P A C K A G E T I H W T
L O R R E P A P E R O I G H
O C Y U E S X W R I T I N G
F Y V P C S U F F I T S O I
E U A Z L H S E C O L O R E
Z N E L C Y C E R U W G T W
H T H I C K W Y D O O W S P

Cardboard

H S T U O C S T N E T B N W
T J E A H L A E N X S S I E
A S U K T A S I H A O N V Q
E L N D A N R S S C T O O F
R A O I P T H T K E T U H W
T M G J A E S S R S L A R P
E I A L L R I U T O M O M E
R N G T O N E E M M P W P S
B A E F S V H H O M M E E Z
O R F E O C E C T S E H G G
O Y C T T H K S O A T R N L
T T A A I N C Q Z O E I T O
S F H X Y N A N L L K W K G
Y C L L I R G C O I J I T S
W O O D S I N O H P E D N O
R S T F A R C A B I N F F G

Go Camping

J S R A S P D O O W U K M N
R B N L L Q K N T E R N I Y
Q Z S I L B B A U O V K X K
E A T Q A G B O F O P R E N
H G A U F L A T W A R E E Y
V A I I E M E R N L L H B S
T W N D E A E C O N C A V E
D P L D D V N D R T B E A T
P R E F L E C T I O N K K S
X U S I T E U K I C P E N D
H L S A M E T A L Q I K I P
F S L O V A L K S K U N F B
V P D I N N E R O O O E E I
R I T S S A R B U O I N K U
E N T N M I Y C P C D O O F
V L V Z N Y J S U G A R V D

Spoons

W V W K K P H A S E N O T S
I N D N U O R G C S U D M P
V R N E R I G I D C A I H U
K C O R T O U G H I N L C J
C L M N F I R M G E U O G D
O P A Q U E N F R N N Q O V
L Q I I C U C A R C Y O I O
B F D G R O L Y R E W M I L
Q F I L L E D E T G T A A U
T R X O C R T S N N T T O M
D E R S U E S A E O E B A E
M E X T U A S Z M M J C W M
V Z S A M T O S E E S N E D
N E O T E R P A C K E D A R
I J Z E F N O T H G I E W A
N D L O G W V F E T E M T H

Solid

H S W T N L E F A L A F Y A
D K V J E M I N T D B E A I
O A F L H E B B I K L T N S
E R B C K T W V Z S A D S A
V A W O O Z E S R H I H P F
T A F F K R V A I A E U I O
F T Z F S C P N S J T M C O
A I P E R S I A N O Y M E D
D P H E N B A L L R L U I M
A A S G I F K I R D B S B J
F T L M R Q V U A A H Y N U
S E S A M E C G B N G R C M
E C U A S W E E Y P D I E T
L A M B P T K K S E T A D K
C V A Z A I S D P Y E N O H
R I C E T E X R E E C Z W K

Middle Eastern Cuisine

R J A A T M P F E R B E G B
A X S C O O T E R A E N R U
N N Z N K C U R T C V L E F
G M O T O R E T D R I V E U
E F F I C I E N T T S G N E
C B O A T R S O E E N A V L
N E X G Y U R S X R E W O P
A R I O L Q L A I L P E U N
T H R D U A T L C M X N J S
S E C E T U M M O C E N M D
I C N S G T L O V P B A Q T
D G Q I E R U T U F L S R P
C U U G A T A C E L L S R O
O L I N L R Q H Y B R I D A
S P E E D H T S C W U N G N
T A T O Y O T M Q S O L A R

Electric Vehicles

H I B H F R E O N F D C V D
C P O C E N T R A L A L W T
T T M M G G N A I R E W O P
I C M U C N E T R O F M O C
W U A P P L I A N C E R H O
S D U R N M C D M R T U B O
M K T E M A I V L A M U L L
O C O T X O F G B I T N O U
O F M L M P F L D T U Q W X
R E O I A X E I O M H B C U
F I B F C D T N I N D O O R
K L I V H Y S Y S T E M N Y
Y E L H I V V C L I M A T E
R R E S N E D N O C V D R Y
C A V H E N E R G Y C E O C
T I N U Y T R Z A C O I L S

Air Conditioning

T E R M I N A L I F T B R J
H I L L L R A V I E W O N S
M O V E M E N T R N P M H T
Y B E L V C L I I E A O T E
U T U W E A A A O Q S T S K
S C E L E C T R I C I O I C
V H B H L N M E R R L R R I
E A G B U W H N D Y E E U T
C I J O I R H X J W G A O I
H R M N D L O E O N P S T K
S R T R A B Y T E F A S H S
G E G D O L X S A L O O P L
R R T R O P S N A R T E L O
A I C A P A C I T Y E M E W
I W D F P D T Y J D S P H B
L T A E S I T G E A R B O X

Chairlift

L M L E C R A P M A T S E S
A P E A E O D V V X G T Y X
T A T E P O L E V N E E C O
E C T M O A R O I L K E L N
M K E R O T R O A E B L D X
O A R L I U G T F R U P E O
H G G C L T N A M F S V L B
W E A A U O S T C E I X I F
S L R O Z E C S E E N C V M
F D U I L I A M C D E T E Y
W L R J E C N E D I S E R Q
C O A A D D R E S S S P S U
H H L G C E D I S B R U C T
X O U T S I D E R U C E S T
H D S T R E E T I U O O R Q
J N D N E S L O T K P H M R

Mailbox

T L B U S I N E S S F F L D
T S E I R P A C J E T H N W
U S I L W H I T E X G Y I A
X E T E I R D C A N I D L N
E R Y P B Z R E I L E X T E
D D L A C E A W H R F N I P
O Y F L E I W B K C E N I O
F N P R D R D B E M T L L L
C O C E E H E G R T A O C C
Z R L A S T R A I G H T N T
I I O D S U G E D I B A S E
U A T T E C O H T N L T N K
M P H N R D O L L A U S A C
X W B P P I M T B D E O R A
B B Z H I G H R S L W W R J
R N G D N Y V S U I T R S I

Collars

J F R W L P W K E P O R K W
F F M A T E K S A B L S F L
B O F P N G I N S U L A T E
E O O P A C K A G I N G N L
E D C R V P H A V L B G U T
S D E B W L E E J D N B H T
R W C E S N S R Z I W A D A
O C R A F T S E K N H L R C
H O L L O W U C I G E E Y N
W Y S C I W A F S I A U G F
Q Y K H J P H T F T T F B E
F N M L L K E P U I A U V W
X R Z Y A M H B A R N O W Z
D C M K W T U H M D T G R L
E T W Q P I S K L A E R E C
Q M K E A M N E H O G O D N

Straw

K I D G L T U L D U R Q T N
X W P E O T L A C Q U E R E
S W S T R O N G V Z T T A M
H Q L C I L Y R C A E A E O
I G S E H S I N R A V T L W
N L L T R O L O C Y O E C H
E P Y O N K C A L B O C O I
N L F R S E G P U E K A M T
A L I P D S M L B D C L I E
M Y S F P G Y G I H O Y O E
E L T T O B A U I T A H X N
L N Y U I N Q P H P T T C S
Z O L P A I P G S S N E M L
W L E I L E I A G I U E R E
S A L N D R B O A S L R I G
X S U K B R X P W L Y X B X

Nail Polish

V M P A T O D A E H X S Y R
O X D O E S M R R K D T M A
N V L B K B B E R K R O A A
O V U A E R G A N A C U O N
D D E R E A D I P Q I T F T
T G X L L N R I D M M X L S
G N L Y B D L O P U B L A A
U I I K A S R O O C D I V E
M H D P N D R A F T O G O Y
L S J E H T F A R C M H R E
U E R B E V E R A G E T L G
P R O D U C T I O N S T R D
E F A K S T J O A U T A L E
B E U W E R B C D O I O Y T
B R A Y R G S N B N C C W V
N G B S Z T I L H C S P O H

Have a Beer

B C S E N A T O R S E L U R
U O V L O C A L S E T A T S
I U E E D V I E H L O W R N
L N T C O E R T O E F S E O
D T O T O G M B Y A F D W I
I R E I N N B O U D I E O T
N I C O T Y O T C E C P P P
G E C N I I H M M R I A A U
D S F S X O S U Y S A R R R
E V T R R P N O E H L T L R
B S I I E I F X P I S M I O
A U T O C R A C Y P I E A C
T Y P I O T Y M R A O N M T
E L P Y C A R C O E H T E C
E A A P R O T E C T I O N J
L M J K P R E S I D E N T Z

The Government

J T W R Y B D J W A F N A T
L T P L A H T R A E O A Q I
A S H A D O W K C O L C C M
I L O T T O M I N S T Y L E
D A E I N B V S R E B M U N
N O R T H E L C R I C Q K O
U C G U D L M Q N G I S E D
O L X D L I S A E T D S G W
R S G E G S O T N E I C N A
A U N N G K E A O R W I I T
N X O A O Y T N L N O E D C
G G I H M M P S I A E N A H
L R I S D O O T U L T C E O
E E G L M O R N I N G E R F
W E O G A C C U R A C Y M W
L K A B J G A R D E N M P D

Sundial

Q W C D F Z K B I Z J Z G L
Y V H F S L Y K S S M I L K
R D D P A A A O C Y S N K U
D A Y I W T U H S V Q G M L
E I P O H P U C W A Q R A S
T R U G G R C H E E S E E N
N Y I Q N U I C E H R D D C
P L N H I I R Z T E A I R G
U P A F K L V T C R R E I E
R D S V A O F A G O A N N L
E I H M B T O C H M W T K T
V Y S L O I O D E S S E R T
M P E E M O D R A T S U C O
W N R H S N T J Z K O M A B
D X F M W U W H I P F E D D
X I F B S Z M M L G T O P K

Cream

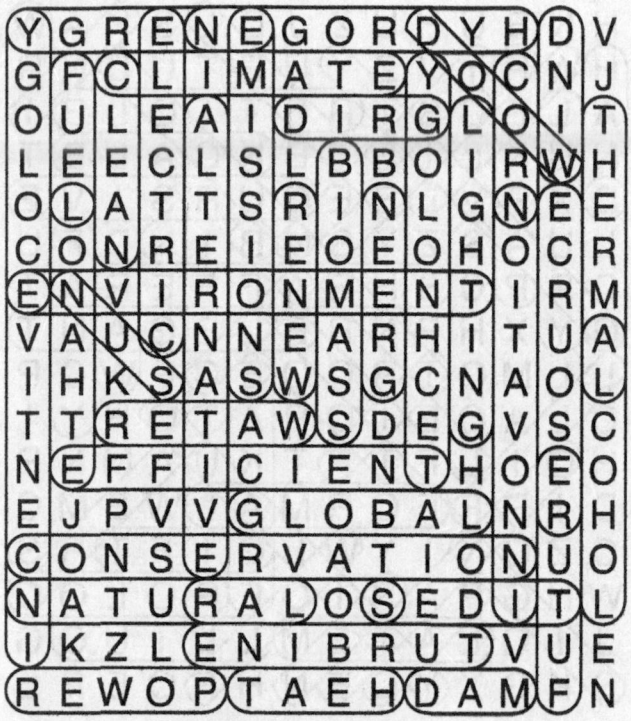

Renewable Energy

Summer Fun

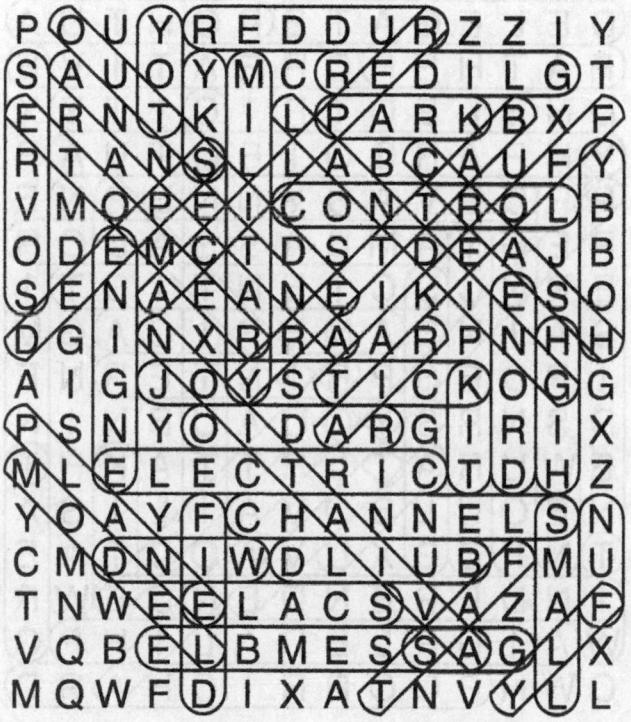

Radio-Controlled Aircraft

Carousel

C D O L S L O O H C S A S F
L C P U B L I S H F Y T R H
I D O W N L O A D E R E F D
B X X M B I P P L C E X H A
R X D O P T I B E I T T N E
A I O I E U L U V V T T O R
R K N R G S T P O E A E O L
Y A L P S I D E N D B L K L
C U I F O O T R R X O B N E
M T N I N S E A H C R A E S
O H E C Y T T W L I D T E Y
B O B T N A T D K M P O R C
I R L I D F O R M A T O C H
L J N O Z A M A L G M D S E
E L D N I K P H D E L P P A
O W G M D G K I M S E G A P

E-Books

H N B U H U Z J D L S K A W
H W R Y V Z Y U E T U D N R
A L E C S T R E T T O L B I
N U K L I S T B K C A L B T
D X R V L S E C U R S I V E
L U A S Z Y S M B I N D F U
O R P C S H E A F F E R A T
G Y X H P N R E L E G A N T
L L M O T R C O E C P W C P
C L A O E I O R A T Q H Y I
H O I L F T P T K U A M N R
D I R F F O R M A L W E M C
C Z O N I Y W L G I F T R S
W H G P A P I O E R O L O C
J I Q L A T E M L L I U Q G
S K G X Y C E N H F Q E P L

Fountain Pens

N F Y F L H A Y M I F P D I
C R O P A O P P F A R M S K
D S O S W S E V L A V U L Z
V L H C N E R T U T D P W E
Y E M I T T E R S N R F T H
V N Y E F X R E H E A I C J
U N E N W I V C I D Y E Q H
R A Y C V R L U N R C L A G
E H A E A E I D G A G D R A
C C R H D C O O F G F O I L
I O P V P O S R F L W N D Q
R N S A F I U P O A F E I C
A E K U K S P W N N A E T B
I K T Q B P P E U D V R C E
N C C A N A L T R O U G H X
J S O O W S Y S T E M A D B

Irrigation

D E L E G A T E R O H T U A
F A T H E R C R E A T I V E
D N E L E C T R I C I T Y X
Y H P A R G O I B O T U A P
P R D E V A S Y N N E P N E
R E G Y A M B A S S A D O R
E P N C S C I E N T I S T I
S A I N E A M E R I C A G M
I P D E S P R I N T E R N E
D S N R S Y O O A U B N I N
E W U R A T L R T T A K H T
N E O U L S O V A I L I S A
T N F C G X U V A O D T A E
I N D E P E N D E N C E W R
W A I H P L E D A L I H P G
O W H P O O R R I C H A R D

Ben Franklin

N W O G I F T S H C E E P S
V F I A M W W U L W H I T E
E V C F L U S T S A O T F Q
I V V H E B S S I K U W A L
L F E D A N C I N G J T M H
N O I N U P A T C S R E I P
I O D M T C E M N E L U L R
R D Z S H L E L T S O Q Y I
E F X U P L K R R S V U O E
W V R U S T A G E E E O P S
O C O I R G U L F R N B U T
H C A I E E D X A D I N L S
S M C S S N H Q E M S N I U
R E H T A F D T Q D R M G D
K A S C I I A S O W O O G S
S W O V I D E O P M O Y F K

Wedding Day

P S R V Q U A R T Z E Y I H
N D E C A D E F Z K L N J O
G N W S O B A S I U E A O U
A A O E O L E R J B N U O R
L H T T L C T C G U F G K S
A A C U O S W I A O E U C U
R O T N A U B R R X B S U M
M O D I S N Y T E T R T C M
O S C M G D N C B N U I E E
N E I O Y I T E M E A M N R
T A M T G A D L E M R E T E
H S O H E L M E C O Y R U T
L O T B I N O V E M B E R N
L N A R M U L U D N E P Y I
A A P S N F K E E W U N A W
W A T E R U J V A F D J D X

Plenty of Time

H I F L T A W S Z W D N H X
N B D P S R S E B E W D W T
Z V E S H E A E A O D I A Y
X Q E E S O U C E L A X L I
T T D S R L M N T L T T T L
S M O V A B L E V Q T H I A
Z P C V C H G F N P T I X S
T Y Z R A L C M E R L N T I
E T A C D M O R T G A G E A
O R R Y R N S R U R E S T R
G E U A O O L B T P R H A P
S B F P N L B T U N G H V P
L I O A A E E B R I O J I A
J L L G L N L A R U F C R A
Y N E I L I O B S M S V P A
T L J S C M T E S E W T A D

Property

E J M L I P S T I C K X X P
M O N E Y L S H A M P O O K
U U X V I E E N G O L O C W
F N G C M D D L A O C Z O A
R D N A S Y O T T S F T F T
E E G M C T E L N C F A F C
P R N A I L P O L I S H E H
S W N O E U W W G T D S E C
L E N C Z G P G T E R U U W
L A A Z L A A I I M A R C Q
A R L O O G S H U S C B R P
B E B S E G N A R O T H A A
N E C K L A C E F C F T Y S
N U D O P I E A F M I O O S
M V T E P D Q T E F G O N L
D O S S A S R E K C I T S T

Little Gifts

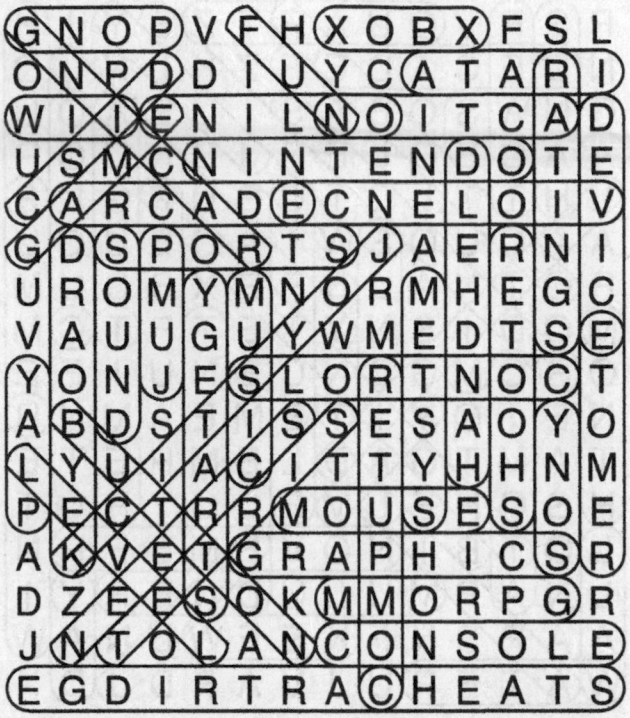

Electronic Games

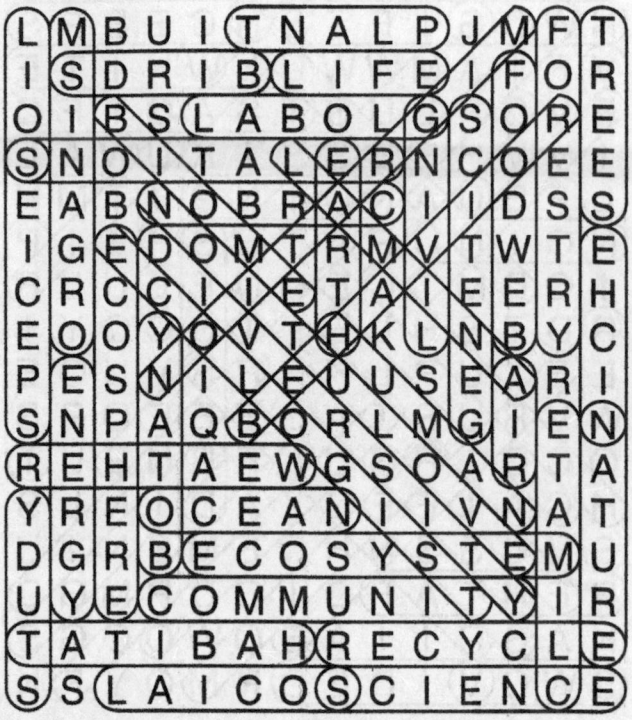

Ecology

Photocopier

Water Tower

S P R I N T I N G Y M F H M
W E Y G N I G G O J Y I D U
A C T I V I T Y T H K T F S
L N I A T H L E T I C N K C
K A L G R B I L N F G E C L
I R I N Z D A G N L N S I E
N U G I B E Y O E E I S L S
G D A H H R I H X X N E O W
M N O C E T S H O I N J B I
A E L T R P A T H B U W A M
R L A E O L A P W I R V T M
A W X R A E R H I L D A A I
T E T T W O B E S I T Y C N
H S I S D B R E A T H I N G
O O G N I L C Y C Y D O B E
N B E N E F I T S L L I K S

Staying Fit

O D W R D M C U T A L F B S
A F G H L Q H A C N G Z E R
K E P F S V B O N E A E D R
G R O W Y L L E A B L L A F
N N A B E O G R A S S P P A
E S M P R Y W E E G N A R O
D B H U X A T I G D T M Q R
N T B O T A N Y N O S A E S
V Y H C N U R C A D K D D H
Q R C I S B A F H C M S A A
C D Y K N F L O C R U G L D
V K U E D N W O R B L J B E
V R P A L M P D W I C I K X
Y K I F O L I A G E H A B L
L G L Q G B O H S P R I N G
B V E I N G T W I G G B K N

Leaves

T R S H O R T B R E A D O S
N E I P Y R R E H C N U P C
I D F W O Y D N A C D R A H
M I X E D N U T S F U D G E
R C S B V E G G I E D I P E
E R T R A P P E T I Z E R S
P O U A P P L E C R I S P E
P C N N E B S I A A S M U C
E K T D C R N P N C K A M A
P C S Y A O O Y D A I E P K
I A E S N W O R Y R S R K E
C N H N P N R R C A S C I E
K D C A I I A E A M E E N F
L Y S P E E C B N E S C P F
E X V S T S A L E L B I I O
S W O L L A M H S R A M E T

Tasty

G M O R T A R T E L B A T D
U P R O E S R U N Q Y I U O
R A D T S I C A M R A H P S
D T E C A L L I T S T O R E
D I R O S U B S T A N C E L
W E S D S A I C T E E H V U
E N S P N M F I R C M O I S
L T S N E A D E A N T S C P
L H I H E N I N I A A P O A
N E C E R C S C N R E I U C
E R K A G E I E I U R T N I
S A N L L I F L N S T A T R
S P E T A M R T G N Y L E E
G Y S H W R E T A I L H R N
C E S N I M A T I V V P P E
P S E R V I C E C I V D A G

Pharmacy

RWLCHURCHANDMI
CVLFAMOUSIOZIE
OSAWTNEMUNOMNG
TATEMITJDKNGUN
HOURASNECMLNTI
KDBDUGTIRAXIED
CAIPICRYNBFKSL
OAMSEBTDOAUIAI
LAERHILUCLNRMU
CDEECFAERNDTYB
XLONDONGIESSCR
TERRUTDLHBRGCT
SQUAREMTHGIEHN
EGRALEAOINAAIN
ZALRRCRWGITRMR
TCDKNLKNHRSSEG

Clock Tower

NEWSPAPERSCRAP
GALUMINUMETALL
LHEEDISBRUCBPA
ATFSCOLLECTION
SRFMATERIALSLD
SAICSORTINGPLF
EECBOVDOOFRRUI
NOITPMUSNOCOTL
EBERDEPOSITCIL
RRNCEYGOLOCEOS
GVCENTERSLOSNE
YBYLEETSETGSEL
DRAOBDRACAIIET
YRTSUDNIBAXNRT
JPWPACKAGINGGO
SECRUOSEREUSEB

Recycle

NVBFSRORRIMTOF
BJYRPEKIPNRUTF
PSPEEDINGVLCRO
AEAEEBRIDGETAN
RVTWDGNISIURCR
KRHAWPNBVAFOIU
WUTYAODIREXHNT
ACRTYTECTAWSGN
YWAFISTYASKAKE
AOFIETOCARAIYE
WLFHLSULBWSONR
HLISDEREHYTECG
GECNARUSNIRLAG
IYAWESUACALOET
HCROSSWALKLLAB
YAWDAORNIAMDSD

Street Smart

LXNFKLISKQTFZN
YEARHIJOZOSOFA
ZXPLSTNEPOEYMP
WHITELRGTHRFZA
EBPSJREHTAEFEH
QDATRAVELRVUYS
UCRQDKKRPDOLLH
EDWERNVROMCFAE
ETBDAEWDHCOUCH
NRQLDMTEAOEAEF
EOBUNUASCMCDWX
CPICADMILFIGHT
KPNHTDAGIOMHQG
FUZASJONNRBRAD
DSLIPUFWETHGIN
OTHROWCENITASF

Pillow

T R O P S E E G A T S Z S L
R N T E O Y G U E J T S J N
A F E P C T D A P A H T B J
C A E V C I M O T I G U N P
K N N V E C P I Y S I N L M
R S S N R C C Y E L L A B R
B Y C R O K C A D E Y E A Z
L E I R E U N I D S C P N C
F K N T N E N D S O F N D G
S C D D R G H C N U O S B S
W O O A L P V C E F M F Y U
O H O A K S E C U R I T Y L
R K R A P R O O D T U O I C
E G S E T I U S P Y Q V Y B
E R O C S E A T D L E I F J
B T H U F G K H U G E D H S

Stadium

K V A Y R G P L W O L F D V
L R A S A O S A L Z C F Y B
D S F A R R C T R A I I X F
I E I D I G P K R K T L E D
P W D A I E T S S E N C N E
A E U N A D G N I X A L E R
R T B A W A I L E T M M R O
E I C C A C R A A R O J G S
T E U O H S R R F K R Y Y I
A R T Q G A A A R W E U X O
W E H W G C N I O K V N C N
P D G A T Y V N Z C I H I A
Y E I N A F Q B E O R L N T
K N E T U H C O N L X O E U
W W H T T L W W O B V O C R
S Z M I S T P H S A L P S E

Waterfall

T S E T O E Y T R B Q V R B
E E R L K D D E O M T O E W
N S O W U E W O M A T H S Q
Q L C T M S K U S C T R U E
Y A S I N S C H O O L I L U
I F T A E E D R A H Z X T G
J T M R T N P H Y S I C A L
Q L G Y T E C E R A P E R P
R I S R I T R E A A Q J O M
D A P O R A T Y T I L I B A
E F L M W U C S I L L C T X
G D A E P L S V L L M H F E
X I R M A A G N I D A E R Q
X A O S P V K K M N R A E L
W C S Q U E S T I O N T M V
H E E D U T I T P A O Y P G

Testing, Testing

L C A M P A I G N C L D W E
G D E S I G N H O L E N R G
S K I R T G I A P P S U O D
G Y L F A S T E N C S O X A
U M B B H M B T P O E R Y B
Q O S A O S I G L V R U M S
K W N F H N L C A E D C J T
I K B I L A K Y Z R I U R R
K P R O S E L I A E M T B O
G T O S T J S L F D S E W H
B P L C E U L N A M W O N S
E U J Q K O H F B P E E S T
G S C P C E M W R A A H U U
P H U X A I T Q I V T N I D
Q X A K J Y U I C V E A T V
O I N K O Z Q X Q R R D U S

Cute as a Button

O C X S H Y S P A R K S B S
T T U Z T C C L X F E X D K
F K T E A M A X T U P E F I
J S F P S R M F C E S X Q F
D A U C M A P S R L H A G A
S M H S P Y E K A R O R F D
P W E T N R R R N E V S E B
N G L O V E S D G Z E O D O
R N M R Y D G G E A L N O I
G I E C P D E Y R L I O O E
C R T H C A E C X B H M W M
N I A R R L H L O O H A L P
H W E D R D D L S A T O R F
D U H M I R N E L E L F R Q
H K X H D O S I R E N S H N
E R G W X H G Z W X B U R N

Firefighting

J Y G T R U E T A M M O O R
R E H T E G O T F A M I L Y
O X T T E D Y I R G Y O J S
M R R L A T E R I N C N S E
A D L E L P I E E I O E C I
N O O A V A M Y N L N R H D
C R Y O G E D Y D E F D O D
E O D E H I R E S E I L O U
L I A R M D M O P F D I L B
G V F H O O L P F E A H B R
N A F F E C T I O N N C O E
I H I T D L C I H R T D N S
R E N T R A P A O C T V D P
A B I Y C A M I T N I A I E
H Y T S E N O H L A A Y N C
S O Y H T A P M E V O L G T

Lots of Friends

Y H Q J A J B E P G Q P F W
I Z B O O K S P D A I R Y I
X N I A M E G G S C E Q O N
P B A N K I N G A S V H G E
C A S H I E R O H B I T U L
O N S L Z F R U I T D A R A
O A P T T Q Q Y S W E E T S
K N K F A R M L E G O M E Z
I A O L P B A A U M S C H P
E S N O P U O C J U I C E A
S M I W L E B F A P Z L S O
M K C E E S K D S N A C K S
H L H R S E A D O S N R W Q
V A I S L E S C E R E E B S
E B P F R H F B U L K V D Y
G U S B H C R I C E I G Z L

At the Grocery

H S A W L S X G O L C S H T
A B R E D U Y B H O P C P G
N U E D R D A G M O B R I V
D T J K A S D E N O A U P B
S E H S I D T G W J O B E G
M D I N N T E L B R A M L X
C E M O R H C O P P E R B Z
S S A L G I U H M N J B U B
O I I C I M A R E C X A O S
A G Z L O H F I W N E T D T
P N T E E U G I F R T H M O
R E T A W Y N S U O I F O W
A S V N H O T T M T N Q D E
H Y K V S O X R E N A M E L
X W E S N I R I I R R P R S
I K V E F I L L W D G C N N

Sink

R I N D U S T R Y S E M A G
I E H Y N G N I D N A R B A
D N W G O N E E E O T C T I
E T O O I I L M S I C O E A
S O R L T D P E I T U U C Z
C C L O A L O H G N L N N F
H P D N V I E T N E T T E K
I E P H O U P F D V U R I Z
C L A C N B N U F N R I C L
A L V E N B C L I I E E S A
G I I T I A O V S O E S N V
O V L Q T N E W Y O R K O I
P X I I D R H E X H I B I T
X O O O S E R U T C U R T S
E N N A E X C H A N G E A E
J K L L A E R T N O M Q N F

World Expo

T L D V P M D J P M F G B X
E N A E G U A G O B E N D V
S S E T D N T R W D N S U X
Z T P R E I A N E K C I H C
N R E O R M A T R P E J N X
G A E E O U A R I T P I A C
K N E T L L C R B U C O A O
K D L Y U A S O G K C T C N
Z C D S Y P V H E E W R J N
N O N B D O M L I I L E I E
H I U A L U B O S E W E S C
A L B T C I R T C E L E T T
N W A T X C A B L E N D G K
G G E E H B A R B E D O E U
E U L R I I Y K N I L E H D
R F O Y L O N G Q D E L O P

Wire

U S S E R I F L T R A V E L
C A E G D E H C R T E O A K
T F E H T L K Z O P E T O S
H E F D E S U O H M I N E T
C T H M U I M E R P P T C U
L Y T I R U C E S B A A R P
A K L W M G M O S R R E N A
G G A R K O H Q E T Q N M Y
E G E C H S U D N U O V G M
L T H N O O I O I I P P P E
G Y F E T V C R S E D R B N
W C F E O W E I U T O M I T
A I L R P D V R B T O R L I
L L P F L O O D E N T A L I
C O S T Y Z G C E D U C N D
J P A Y O U T Y M M A B F L

Insurance

D F M E S U O H L A T E M M
T K O Y A N G D C T N T L O
I O B R A S S E D N F A A O
L U E U M M S I R P E N M R
Q P M X H A N G J U S R P Y
O U O U S I L V E R T O F C
A J H L N H F A U R O X M N
A N J G E N E I T H O G I A
G B T N G L N L N S N C R F
T H G I R B Y S E I Y T E G
G I S G Q C Q T L G A R E D
T E M N H U C I S S A L C R
D B E A D X E S E Y D N V O
M D I H S C A F I N I M T P
D N U O R L B C A N O P Y D
N T L I G H T C B U L B A A

Chandelier

B D K O P Y F V F U E L O R
K T V N M K K E T A L F N I
Q L X J Q U V Y K I P N D A
F O W E L L N Z M K T I R E
O O K C A O Y D T E A F P L
B T O V I T N E M P I U Q E
P I Y T I I N I H R Y W K C
S E C V W I R R R E W O P T
H U A Y G P A P U S H L O R
S R M N C G P E Y S D F U I
G E E P M L R N G U I F E C
M C C K U S E I R R U L S A
O I D N U T T H E E Q U O R
T V G N C A A C N O I I H G
O E A N A E W A E I L D E O
R D S K V H E M U L O V Y X

Pump

T N E T A P R O D U C T S T
E R E I E G D E L W O N K N
C E Z W N X E C N A V D A E
I S R E T U P M O C B I T V
V E F F I C I E N C Y S S N
R A V S S E C O R P R C Y I
E R I I X P A E D I I O T N
S C N F N A O C F M M V I D
L H N O I T U L O V E E U U
A A O E I D E N E M Z R N S
O N V X I T O L C V P Y E T
G G A S E C U H L R E A G R
B E T T E R S L T E E D N Y
S S E R G O R P O E C A I Y
D E V O R P M I Q S M T T H
M A R K E T H I N K I N G E

Innovation

K V E L A S T I C J Q M J G
V R E E G A P H N Z F L E O
V E E G Y M R A W O O R Y I
H E A T C I L Y R C A N R C
G N I S S I M R E W A R D K
W K O T N E M R A G Y A N B
M V M D R T Y L J F R Y U J
S A B E L O L L A B E S A B
S K G D G O P A O U I E L R
E L C D P F W S C P S O T O
R I I A U C F W O E O A X S
D S R P P O O S T W H L C B
R V B T P V P A I R H T W A
N R A I E E M M N Z A O A T
P A F N T R R A H U E E E C
Y U M K E M L V P K R O W R

Socks

D F F J M X K C O N U X A B
I J E N H I G H O V E R K I
V I E A A J E L E A D E R O
I W D L T T I C H I C K S P
N A I V A H U U L I G H T I
G F N R R R E R G G T H X N
T N G E N L S R E R S X T C
J I I W J P A E O O E K W E
M Y R D E C A N T R A V E L
U A L E E I D T D H S T I G
S F D F P E V Q T I O D G A
C K U Y G O R U Z E N A H E
L L C Z L R O B T I R G T S
E N S U I S O W W D I N O E
S B I R D X K U S L A A A E
V D T S E R Y Y P E R L Y G

Bird Flight

B X C D D G Y R O M E M U T
U D V H L Q Q K P T G Y T E
L E E E P R I N T E R L I P
P L X M S U N B I T M E L P
P I A V J P U I O O R S I B
P F F C S C A N N E R C T S
A J Y G D V D I S P L A Y Q
S U P P O R T W D E U P A L
T G W Z O O G Y P T R E B E
E O M A R C Y R O E F V L V
W W W M O D E M T L A S E R
B S L E L B A C P E D R H R
L Y M Q B T S F A D R C C X
R E T N E F C S L O O T A Q
U O H E Y I I P R R I S C S
K I B U Y M I G S S J W K K

Computer Terms

C S A O A E X H U O T O H P
B B Z C Y V S S P O R T S A
G S T U D E N T S E T O R P
W O R R M N Y F G S T Y L E
R N A O A T K A S L L A W R
T G V E J R N M L C I S U M
X I E S D E I O E P H L V M
E S L I E C R U D I Y O E F
T X M T T N P S O D Q S O I
Z X O R N O Q W M N S G Y L
F E T E A C I H P A R G L M
I T S V W F F M G B T H P S
Z X U D R N L E B U T T A V
Q G C A M P A I G N A H E O
Q B M R O D T E G P O W H D
R E P A T P B Z R O L O C E

Poster

S W Y T R A P C O R N I D Z
H T A V C R L A R Y P A L S
E D V L O U Y N G U D T E N
L S M T N E I R T U N T Z A
L N E P E U E S A D U C A C
E I U R L L T C I N A S H K
N M T T L A D G T N I L D C
R A O A R R N S R L E L Y A
E T H A A I E T Q R A N U R
K I C H K H T T R Z A S H C
N V Y A C H R I S T M A S B
S A B T A E U C O O K W V R
F O O D S Q E B D N O M L A
D E E S S O Q B M I X E D Z
T R E B L I F R U I T K D I
E D I B L E G U M E M V E L

Go Nuts

U F U L I G H T S G S E T A
D N S M U S I C N E E G M D
T N H O G X E I Y A M A R D
I Y E E U N C A N A O T O J
C A R D E N I U O M V S F C
K L N R A A D D C E I N R S
E P Y D A R X I L N E E E I
T N I C D E K E A I W M P N
S R T T E N A N B C U T F G
T O R R N A S C E T E B A I
R C E E A E W E S S C S R N
A P C J D N V O A I S L E G
O O N R O T C E R I D L P M
T P O W O H S E X O B A O L
Q L C U R T A I N I U W B I
J S E H S G N I W C T J F F

At the Theater

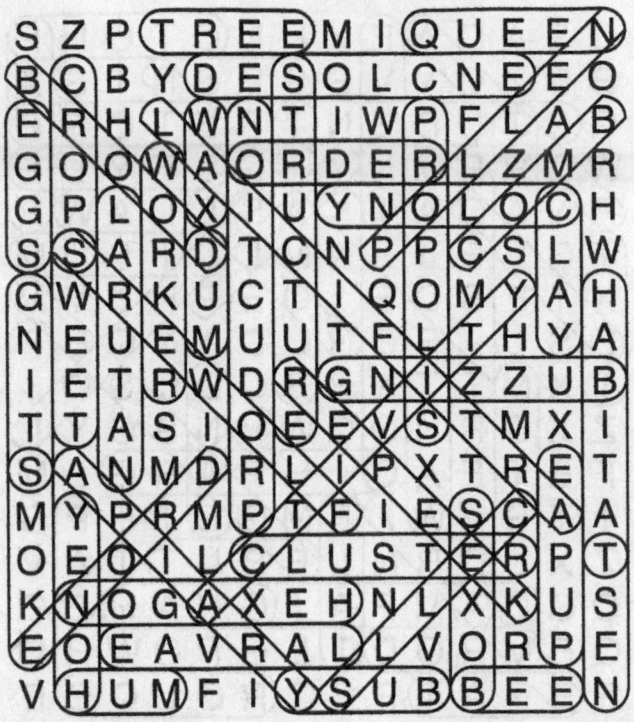

Beehive

Racing

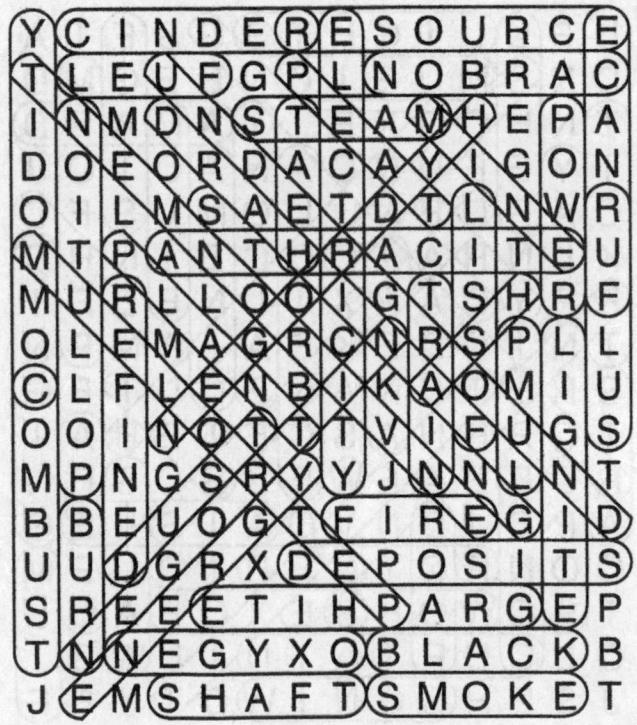

Coal

Business Economics

J S V F C D W Y X I Y L F G
Z M W K L N T H T S A F N K
K E O E W I B R A K E I Y V
O H E P C W F E T P K L S Z
D H E L E H S T O R A G E Q
W P W L D D O R A T A V A V
N T C E M D U P I Y I V T A
G Y E C H E A P P R Z F E X
C P L I G H T S D E K I B L
S Y Z M O T O R I V R U E E
S R E N Y A W H G I H S N J
G O D L L A M S N L N N G T
G A S R R S T R E E T F I P
W D Z E F A S R C D D R N H
A P S E V E H I C L E I E Y
O L P O P U L A R S C G R K

Scooters

B M J T F Y P P U P C C P L
S E K A N S R B L H I A A O
K D L A G T E L I T T E R V
D I A D I A D H O R S E R E
P C W O F C E X T Y S G O D
E I Y P A R E T S M A H T T
T N R T M U R E P T I L E S
F E J I I F B S T O R E G N
O N G O L D F I S H K A A E
O E N N Y C O L L A R B C T
D U I W A M U I R A U Q A T
I T N B P H E A G O R F E I
X E I O S W P N C W L R F K
J R A B B I T S T N R Q Q H
D D R A Z I L U G E R B I L
E L T R U T Z B F R E T A W

Pet Friends

We Have EVERYTHING® on Anything!

With more than 19 million copies sold, the Everything® series has become one of America's favorite resources for solving problems, learning new skills, and organizing lives. Our brand is not only recognizable—it's also welcomed.

The series is a hand-in-hand partner for people who are ready to tackle new subjects—like you!

For more information on the Everything® series, please visit *www.adamsmedia.com*.

The Everything® list spans a wide range of subjects, with more than 500 titles covering 25 different categories:

Business
Careers
Children's Storybooks
Computers
Cooking
Crafts and Hobbies
Education/Schools
Games and Puzzles
Health
History
Home Improvement
Everything Kids
Languages
Music
New Age
Parenting
Personal Finance
Pets
Reference
Religion
Self-Help
Sports & Fitness
Travel
Wedding
Writing